DIOKLETIANPALAST ⭐

Als Alterssitz für Kaiser Diokletian gedacht. Heute ist er das pulsierende Zentrum von Splits Altstadt.
📷 *Tipp: Steig auf den romanisch-gotischen Glockenturm mit Wahnsinnsaussicht. Allein die Treppe ist einen Knipser wert!*

➤ S. 71, Region Split

ZLATNI RAT ⭐

Der weltberühmte Traumstrand in Zungenform auf der Insel Brač streckt sich mal in die eine, mal in die andere Richtung.

➤ S. 78, Region Split

HVAR-STADT ⭐

Traditionsbewusstes Hafenstädtchen und gleichzeitig mondäner Jetset-Treff – die Mischung macht's.
📷 *Tipp: Zum Neidischmachen – mit einem Profilfoto von der Festung aus thronst du über der Altstadt*

➤ S. 81, Region Split

BLAUE GROTTE ⭐

Wer zum richtigen Zeitpunkt kommt, sieht die Grotte auf dem Inselchen Biševo leuchten wie einen Saphir.
📷 *Tipp: Blitz aus! Damit störst du nur die Mitreisenden und die magische Atmosphäre geht verloren*

➤ S. 86, Region Split

STADTMAUER VON DUBROVNIK ⭐

Zeitreise ins Mittelalter: Die mächtigen Bastionen schützten Dubrovniks Altstadt vor Seeräubern und Eroberern.
📷 *Tipp: Fensteröffnungen in der Mauer rahmen ganz natürlich das Bildmotiv ein*

➤ S. 105, Region Dubrovnik

INHALT

36 DIE REGIONEN IM ÜBERBLICK

38 REGION ZADAR
Zadar 42
Rund um Zadar 47
Ugljan und Pašman 50
Dugi otok 52
Biograd na Moru 55
Rund um Biograd na Moru 56
Šibenik 58
Rund um Šibenik 61

64 REGION SPLIT
Trogir 68
Rund um Trogir 70
Split 71
Rund um Split 75
Brač 77

Hvar 81
Vis 85
Rund um Vis 86
Omiš 86
Rund um Omiš 88
Makarska-Riviera 89
Rund um die Makarska-Riviera 91

92 REGION DUBROVNIK
Pelješac 96
Rund um Pelješac 98
Korčula 99
Rund um Korčula 103
Dubrovnik 104
Rund um Dubrovnik 112
Elaphitische Inseln 113
Cavtat 115
Rund um Cavtat 118

INHALT

MARCO POLO TOP-HIGHLIGHTS
- 2 Die 10 besten Highlights

DAS BESTE ZUERST
- 8 ... bei Regen
- 9 ... Low-Budget
- 10 ... mit Kindern
- 11 ... typisch

SO TICKT DALMATIEN
- 14 Entdecke Dalmatien
- 17 Auf einen Blick
- 18 Dalmatien verstehen
- 21 Klischeekiste

ESSEN, SHOPPEN, SPORT
- 26 Essen & Trinken
- 30 Shoppen & Stöbern
- 32 Sport

MARCO POLO REGIONEN
- 36 ... im Überblick

ERLEBNISTOUREN
- 120 Vis' verborgene Schätze
- 124 Von Zadar zu Naturspektakeln im Hinterland
- 128 Zu Besuch bei Winzern und Olivenbauern

GUT ZU WISSEN
- 132 **DIE BASICS FÜR DEINEN URLAUB**
  Ankommen, Weiterkommen, Im Urlaub, Feste & Events, Notfälle, Wichtige Hinweise, Wettertabelle
- 140 **SPICKZETTEL KROATISCH**
  Nie mehr sprachlos
- 142 **URLAUBSFEELING**
  Bücher, Filme, Musik & Blogs
- 144 **TRAVEL PURSUIT**
  Das MARCO POLO Urlaubsquiz
- 146 **REGISTER & IMPRESSUM**
- 148 **BLOSS NICHT!**
  Fettnäpfchen und Reinfälle vermeiden

Symbol	Bedeutung	Symbol	Bedeutung
⏱	Besuch planen	🍴	Essen/Trinken
€–€€€	Preiskategorien	👜	Shoppen
(*)	Kostenpflichtige Telefonnummer	🍸	Ausgehen
		🌴	Top-Strände

(□ A2) Herausnehmbare Faltkarte
(0) Außerhalb des Faltkartenausschnitts

BESSER PLANEN MEHR ERLEBEN!

Digitale Extras
go.marcopolo.de/app/kkd

DAS BESTE ZUERST

Strand am Dominikanerkloster bei Bol auf der Insel Brač

BEST OF
BEI REGEN

SCHÖN, AUCH WENN ES REGNET

SHOPPEN IM PALAST
Den *Diokletianpalast* in Splits Altstadt solltest du dir nicht entgehen lassen. Schön zum Stöbern: die Schmuck- und Kunststände unter den Gewölben, den *Podrumi* (Foto).
➤ S. 74, Region Split

DER ERSTE BASEJUMPER
Der erste Mann, der mit Fallschirm von einem Turm sprang, war der Šibeniker Erfinder Faust Vrančić. In Prvić sind im *Memorijalni centar* Modelle zu sehen und Pläne zu allem, was das innovative Genie sonst so plante.
➤ S. 62, Region Zadar

WEHRHAFT UND SPANNEND
In der grandiosen Festungsanlage *Fort Sv. Ivan* in Dubrovnik kannst du gleich zwei Ausstellungen besichtigen: Ein faszinierendes Aquarium und ein Marinemuseum, das alles zur Schifffahrt erklärt.
➤ S. 106, Region Dubrovnik

TRENDIGES TEAMSPIEL
Aus dem *Escape Room* findest du nur heraus, wenn du die Rätsel löst, die Königsstadt von Game of Thrones rettest oder einen Schatz findest.
➤ S. 111, Region Dubrovnik

BESUCH BEIM MEISTER
Bewundere Skulptur und Architektur in der *Galerija* von Bildhauer Ivan Meštrović. Ein Stückchen außerhalb von Splits Stadtzentrum, tauschst du Touristenmassen gegen Entspannung ein und gewinnst einen Eindruck der expressiven Kunst des 20. Jhs.
➤ S. 72, Region Split

SCHIFFSWRACK MIT FUNDSTÜCKEN
Hunderte von Jahren im Wasser haben nicht geschadet – die Fracht einer venezianischen Galeone im *Stadtmuseum* von Biograd na Moru ist so intakt, wie sie im 16. Jh. versunken ist.
➤ S. 55, Region Zadar

BEST OF 🐖
LOW-BUDGET

FÜR DEN KLEINEN GELDBEUTEL

HIER IST KUNST FAMILIENSACHE
Schon seit mehreren Generationen verarbeitet eine kroatische Künstlerfamilie den marmorähnlichen weißen Stein der Insel Brač. Die *Galerija Jakšić* in Donji Humac ist kostenlos zu besichtigen.
➤ S. 81, Region Split

ALTSTADT-OASE
Um in Šibenik dem Trubel auszuweichen, ist der etwas versteckte *Garten des Franziskanerklosters* ideal. Der Eintritt ist kostenlos.
➤ S. 59, Region Zadar

SCHÖN GELEGENE KLOSTERSCHÄTZE
Während die meisten Klöster an der kroatischen Küste Eintritt verlangen, zeigen die Benediktiner von *Sv. Kuzma i Damjan* nahe Tkon ihre schön gelegene Abtei und die gotische Kirche völlig kostenlos.
➤ S. 52, Region Zadar

ANTIKES AM KAP
Die Fundamente römischer Thermen und das Gräberfeld einer *griechischen Nekropole* auf der Landzunge vor der Stadt Vis dürfen Besucher noch kostenfrei besichtigen.
➤ S. 86, Region Split

KLANG- UND LICHTERSPIEL
Für Zadars faszinierendste Sehenswürdigkeit musst du gar nichts zahlen. Hör den hypnotisierenden *Meeresorgeln* zu und schau dir bei Sonnenuntergang die Lichtinstallation *Gruß an die Sonne* an (Foto).
➤ S. 44, Region Zadar

IN DIE UNTERWELT
Spring ins Wasser und erforsche die fantastisch leuchtende *Grotte*, in der Odysseus 7 Jahre verbracht haben soll. Für diesen Schatz auf der Insel Mljet braucht's keine Bootstour oder Geld – nur eine Miniwanderung.
➤ S. 99, Region Dubrovnik

BEST OF
MIT KINDERN

SPANNENDES FÜR GROSS & KLEIN

JÄGER DER LÜFTE

Auch die majestätischen Falken brauchen manchmal Hilfe. Im *Falknerzentrum* bei Šibenik werden verletzte Adler, Bussarde und Falken gesund gepflegt. Hier lernen Kinder etwas über die Raubvögel und Tierschutz.

➤ S. 63, Region Zadar

TURBULENTE ABENTEUER

Von einer Seeschlacht mit Spritzpistolen bis zur Achterbahn mit Looping ist im *Fun Park* in der Nähe von Biograd na Moru für jeden Spannungsgrad etwas geboten.

➤ S. 56, Region Zadar

NASSER PIRATENSPASS

Neben Ausflügen auf einem Piratenschiff und Sandstränden bietet das Resort Amadria Park bei Šibenik auch einen *Aquapark*. Die Rutschen sind für Große zu eng, für jüngere Kinder ist es ein Traumspielplatz.

➤ S. 60, Region Zadar

U-BOOT-PANORAMA

Wie im Aquarium: In den knallroten *Semi Submarines* schwimmt das Meeresleben hautnah vor dem Fenster. Auch das Deck hat eine tolle Aussicht, es bleibt immer über Wasser und tuckert an Splits Altstadt vorbei.

➤ S. 74, Region Split

ALLER ANFANG IST STÜRMISCH

Für die ersten wackeligen Versuche im Windsurfen ist der Kanal zwischen Pelješac und Korčula ideal. Das *Liberan Surfcenter* hält den Kurs für Kinder bis 13 Jahre auch auf Deutsch!

➤ S. 97, Region Dubrovnik

STADTWEITE KINDERPARTY

In Šibenik darf sich die Kreativität der Sprösslinge zwei Wochen lang wild austoben: Kunst, Theater, Konzerte, Performances von Künstlern aus der ganzen Welt sowie massig lustige und lehrreiche Workshops.

➤ S. 135

BEST OF

TYPISCH

DAS ERLEBST DU NUR HIER

STRAND MIT KLOSTER

Der Kiesstrand *Martinšćica* nahe der Stadt Bol: Eine sanft geschwungene Bucht, kristallklares Meer und auf der Landzunge ein idyllisches Kloster – typisch Dalmatien.
➤ S. 79, Region Split

RAUS AUFS WASSER

Die *Altstadt von Korčula* solltest du dir unbedingt auch vom Wasser aus anschauen. Dann kommt das so typische Bauensemble aus Dom, Bischofspalast und den sie umgebenden Häuserzeilen besonders schön zur Geltung.
➤ S.100, Region Dubrovnik

DAS MEER AUF DEM TELLER

Viele Orte feiern jährlich im Sommer die *Fischersnacht (Ribarska fešta)*, bei der du die kulinarischen Spezialitäten der Adria durchprobieren und Folkloreaufführungen sehen kannst – beispielsweise in *Biograd na Moru*.

EIN VIERTEL MIT AUTHENTISCHEM FLAIR

In Zadars Altstadtviertel *Varoš* gibt's Bäcker, Friseure, originelle Boutiquen und Nachbarschaftscafés. Abends mutiert es zum Nightlife-Spot.
➤ S.43, 46, Region Zadar

FARBPALETTE DER KÜSTE

Den steilen Aufstieg von Hvars *Pjaca* hinauf zur *Festung Španjola* (Foto) belohnt ein typisch dalmatinischer Rundumblick: Zu Füßen die gestaffelten Häuser der Altstadt, davor der mit Booten gesprenkelte Hafen, dahinter die grünen Tupfer der Inseln *Pakleni otoci* im Blau der Adria.
➤ S. 82, Region Split

TÖNE, TRACHT UND TANZ

Wenn in Dalmatien gesungen wird, dann meist vielstimmig und a cappella. Im Juli treten in Omiš die besten *Klapa-Chöre* gegeneinander an.
➤ S. 135

SO TICKT DALMATIEN

Herzförmig: Insel Galesnjak

ENTDECKE DALMATIEN

Flanieren auf schönem Pflaster: der Luža-Platz mit dem Sponzapalast in Dubrovnik

Eine Küstenlinie, die gar nicht zu enden scheint, tausend Inseln davor verstreut. Manche sind bewohnt, andere bloß raue Felsriffe. Zerklüftete Buchten und Strände, die Wellen rauschen, Städte aus weißem Stein – ein Traum! Dazu mediterran-lockeres Flair, Kulturschätze aus jeder Epoche – wen wundert's, dass Dalmatien eines der beliebtesten Urlaubsziele Europas ist.

MYTHENHAFTE NATUR

Es werden viele Legenden darüber erzählt, wie das phänomenale Küstenpanorama entstanden ist. Weinte Gott tatsächlich über die kahlen Felsen und seine Tränen wurden zu Inseln? Oder hatte er eine Handvoll weißer Steine übrig und warf sie einfach an die Küste, wobei sie sich nur zufällig so schön verteilten? Das Adriatische Meer ist nicht nur Hauptmotiv der folkloristischen Klapa-Chormusik,

1. Jt. v. Chr.–2. Jh. n. Chr.
Illyrer, Griechen und Römer besiedeln Dalmatien

6.–10. Jh.
Einwanderung von Slawen; erstes kroatisches Königreich

Ab dem 12. Jh.
Venedig unterwirft Dalmatien.

Ab Mitte des 15. Jhs.
Osmanische Bedrohung

1797–1918
Unter Napoleon Ende der venezianischen Herrschaft und Ragusas. Das Erbe der Mächte fällt an Österreich

ab 1918
Das Königreich Jugoslawien wird gegründet; Kapitulation im Zweiten Weltkrieg (1941)

SO TICKT DALMATIEN

sondern des gesamten Lebens in dieser Region. Die Zeiten der großen Seefahrer mögen vorbei sein, doch noch immer zeigen die vielen venezianisch geprägten Hafenstädtchen dem Meer ihre schönste Seite. Auch abseits der Strände ist Wasser der Landschaftsbaumeister: tief eingeschnittene Schluchten, durch die sich Flüsse ihren Weg bahnen wie im Nationalpark Paklenica und in der Cetina-Schlucht, die über moosbewachsene Kalksteinstufen fließenden Krka-Wasserfälle und die türkisfarbene Märchenlandschaft der Plitvicer Seen. Wer gern wandert, klettert, mit dem Mountainbike in die Berge will oder Kajak fährt, findet in diesen Naturparks sein persönliches Paradies.

LEBEN WIE IM MUSEUM

Dalmatiens Geschichte ist wie ein Abenteuerroman und dieses Buch lässt sich nicht einfach so zuklappen – die Vergangenheit pulsiert quicklebendig in den Mauern der Paläste, Kathedralen, Ruinen; ihre Erben hauchen ihr mit geschichtsverliebten Volksfesten immer neues Leben ein. Nirgendwo wirst du die Gewalt der Epochen so spüren wie im Diokletianpalast in Split, wo knapp zweitausend Jahre auf engstem Raum zusammengewachsen sind: Säulen und Gewölbe eines römischen Palasts. Ein vorromanisches Steinrelief im Baptisterium, Zeuge einer Ära, in der Kroatien ein unabhängiges Königreich war und das Christentum an Einfluss gewann. Gotisches Schnitzwerk an den Kirchenportalen, das entstand, als Venedig fast ganz Dalmatien unterwarf. Der barocke Prunk in der Innenausstattung der Kathedrale, der Dalmatiens Blütezeit feiert. Auch die

1941-45 Vasallenstaat der Achsenmächte; Partisanen leisten der deutschen Wehrmacht Widerstand

1945 Gründung der Föderativen Volksrepublik Jugoslawien unter Josip Broz Tito

1991 Kroatien erklärt sich für unabhängig, Kriegsbeginn; Friedensabkommen 1995

2013 EU-Beitritt

2018 Kroatiens Fußball-Nationalmannschaft schafft es erstmals ins WM-Finale

Moderne ist vertreten: In dem sympathischen Café Luxor am Peristyl verbringen die Splitter gern ein Stündchen bei Espresso und Zeitung. Nur die alten Griechen haben sich hier nicht verewigt – dafür aber anderswo Spuren hinterlassen. Zum Beispiel auf dem Meeresgrund, wo Hunderte von Amphoren gesunkener Handelsschiffe aus Hobbytauchern waschechte Archäologen machen. Heutzutage ist das Leben vor Ort leider nicht so idyllisch, wie die Kulisse vermuten lässt. Korruption, gesellschaftliche Stagnation und Arbeitslosigkeit treffen vor allem junge Kroaten, die in anderen EU-Ländern eine bessere Zukunft erhoffen. Der Tourismussektor entlang der Küste allerdings boomt, was Dalmatien zu einer der reichsten Regionen des Landes macht.

FLUCH UND SEGEN

Badeurlaub am glasklaren Meer ist nur eines der Highlights – Dalmatien ist stolzes Zuhause einer Menge kultureller und natürlicher Unesco-Welterbestätten. Dazu gehören Splits Diokletianpalast, die Plitvicer Seen, die Ebene von Stari Grad mitsamt dessen Altstadt, die Kathedrale Sv. Jakov in Šibenik, die romantische Altstadt von Trogir und erst seit 2017 auch die dalmatinischen Spuren des venezianischen Verteidigungssystems – die Festung Sv. Nikola in Šibenik und Zadars Verteidigungswall. Beeindruckend, nicht? Aber hier fehlt noch etwas – das bei weitestem berühmteste Welterbe ist die beeindruckend erhaltene Altstadt von Dubrovnik. Wie aus der Zeit gefallen bilden die mittelalterlichen Steinhäuser innerhalb der mächtigen Stadtmauer eine ideale Kulisse für die Kultserie „Game of Thrones". Als unabhängige Seefahrer- und Handelsrepublik mit Namen Ragusa widerstand Dubrovnik Venezianern wie Osmanen, meistens durch List und Verhandlungsgeschick. Heute muss Dubrovnik der Menschenmassen Herr werden, die jeden Sommer aus Flugzeugen und Kreuzfahrtschiffen in seine alten Mauern gespült werden, denn es steht auf dem Pflichtprogramm aller Um-die-Welt-Jetter. Ähnlich ist es in Hvar. Auf der Place-to-be-Liste von Adel, Promis und Sternchen steht das romantische Städtchen auf der Lavendelinsel ganz oben.

REISEZIEL MIT SUCHTFAKTOR

Es ist schwer, ein Land nicht ins Herz zu schließen, dessen Bewohner so ungemein stolz sind auf den – in ihren Augen – schönsten Fleck der Erde. Ein blaueres Meer, noch besseres Olivenöl oder bedeutendere Bauwerke? Kann es nirgendwo sonst geben. Spätestens wenn du Splits Palastbezirk oder Dubrovniks Altstadtmauer erobert hast, dem Duft der Orangen gefolgt bist oder bei einem Glas Wein in einer urigen Konoba einen Abend lang den Rest der Welt vergessen hast, dann ist es so weit – bevor du dich versiehst, wirst du dich dabei ertappen, ihnen Recht zu geben. Geh auf Entdeckungsreise! Die stille Schönheit der Küste, glasklares Meer, die romantische Kulisse mittelalterlicher Hafenstädte, Edelrestaurants hinter rustikalen Mauern und am Abend die fackelerleuchtete Lounge am Strand – das alles wartet nur auf dich.

SO TICKT DALMATIEN

AUF EINEN BLICK

856.800
Einwohner

Frankfurt a. M.: 736.400

942
Inseln, Inselchen und Felsen

1200 km
Küstenlänge Festland

Küstenlänge Festland an der Ostsee: 328 km

12.951 km²
Fläche

Macht 22 % der Fläche Kroatiens aus

HÖCHSTER BERG: DINARA
1.831 M
Zugspitze: 2962 m

SONNENSTD./JAHR
2600
Deutschland: 1595 Std.

BELIEBTESTER REISEMONAT
AUGUST

8 UNESCO-WELTERBESTÄTTEN
Altstädte von Dubrovnik und Trogir,
Diokletianpalast in Split u.a.
Ganz Kroatien: 10 Welterbestätten

SPLIT
Größte Stadt mit
167.100 Einwohnern

BELIEBTESTE VORNAMEN
Ivan
Marija

3 EINHEIMISCHE ESELRASSEN: 2 AUS DALMATIEN, 1 AUS ISTRIEN

DALMATIEN VERSTEHEN

AB IN DEN KELLER
Ursprünglich bezeichnete *Konoba* den Keller oder auch ebenerdigen kühlen Raum, in dem Vorräte und Wein gelagert wurden. Heute steht der Begriff für die heimeligsten Orte in ganz Dalmatien: kleine, rustikale Tavernen, soziale Treffpunkte für Einheimische und beste Anlaufstellen für authentische, dalmatinische Gastwirtschaft. Die Einrichtung ist liebevoll schlicht: mit Holztischen, rot-weiß-karierten Tischtüchern und Deko aus einer anderen Zeit – antikes Werkzeug, Meeresmotive oder Instrumente an der Wand. Sie bieten meist einfache regionale Küche, Wein und Schnäpse an. Theoretisch darf sich zwar jedes Gasthaus als *Konoba* bezeichnen – die authentischen erkennst du an den einheimischen Gästen, die sich hier nach der Arbeit ein Glas Wein gönnen. Und nach ein paar mehr auch gerne mal ein Liedchen trällern. Von der *Konoba* stammt übrigens auch das Wort *Konobar* (Kellner) ab.

DURCH DEN WIND
Im Land der Seefahrer und Inseln ist das Thema Wind nicht nur Smalltalk – das Leben der Einheimischen wird von den Böenstärken bestimmt. Wenn die mächtige *Bora* sich austobt, am stärksten im Herbst und im Winter, wird schnell mal die gesamte Infrastruktur lahmgelegt: die Fähre traut sich nicht zu fahren, Straßen werden gesperrt, Überschwemmungen schicken Küstenstädte durch die Waschanlage. Von Nordosten stürmt sie mit bis zu 200 km/h heran, zum Einordnen: Ab 118 km/h gilt ein Wind als Orkan. Alle Nautiker bitte merken: Bei Bora ist man nicht auf See. Boote können hinausgetrieben werden. Sogar Reisebusse wurden schon ins Meer geschleudert. Weniger bekannt sind der *Maestral* und der *Jugo* oder *Schirokko*, aber auch diese Winde können im wahrsten Sinn Kopfzerbrechen bereiten. Der von Nordwesten blasende Maestral ist ein Schlechtwetterbringer, der die Wellen peitscht. Der aus Süden wehende heiße Schirokko trägt angeblich nicht nur Saharasand, sondern auch depressive Stimmung ins Land. Im Stadtstaat Dubrovnik wurde der Wind damals sogar strafmildernd bewertet – Verbrecher wurden weniger schwer bestraft, wenn zur Tatzeit gerade der Jugo sein Unwesen getrieben hatte. Gefährlicher als alle genannten Winde zusammen ist nur einer: der Durchzug. Was kurios klingt, nimmt man im gesamten südslawischen Raum todernst und jeder wird von Kindheit an vor ihm gewarnt. Sämtliche Krankheiten, Stimmungsschwankungen und Familienprobleme lassen sich auf das Unglück zurückführen, dass zwei Fenster offen sind und es zieht ...

SO TICKT DALMATIEN

FUSSBALL ÜBER ALLES
Du fährst nichts ahnend in Richtung Split … und an jeder Ecke fällt dieser Name ins Auge. Als Graffiti an jeder dritten Hauswand, als Name einer lokalen Bäckerei oder als Motiv auf Strandtüchern. *Hajduk Split* ist Kroatiens ältester Fußballverein, 1911 gegründet und von den Einheimischen geradezu ehrfürchtig verehrt. Der Erzfeind jedes waschechten Hajduk-Fans heißt *Dinamo Zagreb*. Nicht selten artet die legendäre Rivalität der beiden Clubs in gewalttätigen Ausschreitungen aus. Lass dich daher in Dalmatien bloß nicht mit Dinamo-Souvenirs blicken, wenn du nicht in Ungnade fallen willst. Hajduk-Anhängern, allen voran den berüchtigten Hooligans des Ultra-Fanclubs Torcida, wird Nähe zu rechtsextremem Gedankengut nachgesagt. T-Shirts mit dem deutschsprachigen Aufdruck „Hajduk Jugend" sind eine unübersehbare Anspielung. Doch die fanatische Fußballhassliebe kann durchaus überwunden werden: So kämpften die Fans von Hajduk Split und jene von Dinamo im Sommer 2017 Seite an Seite gegen verheerende Waldbrände vor Split.

KEINE CHANCE DEN VIREN
Von Dalmatien haben die gepunkteten 101 Disney-Hündchen ihren Namen. Gut, das ist vermutlich bekannt. Aber wusstest du schon, dass auch die Quarantäne in Dalmatien erfunden wurde? Das geschah zu einer Zeit, als Dalmatien als solches noch gar nicht existierte und sich im Süden die autonome Stadtrepublik Dubrovnik bzw. damals noch Ragusa, einen Namen

Hier an der Makarska-Riviera war die Bora als Schockfroster unterwegs

Dubrovniks Stadtmauer ist Pflichtausflug für viele Besucher

machte. Handels- und Schifffahrtszentrum, das die Stadt war, waren ihre Bürger importierten Krankheitserregern aus der ganzen Welt ausgesetzt. So kam man im Kampf gegen die Pest schon im 14. Jh. auf die Idee, als Schutzmaßnahme gegen die massive Ausbreitung des Schwarzen Tods die ersten Quarantänelager einzurichten. Der Begriff „Quarantäne" leitet sich vom italienischen *quaranta*, vierzig ab, so viele Tage in Isolation mussten die Patienten in den Lagern verbringen. Das frühere Quarantänelager *Lazareti* in Dubrovnik ist noch erhalten. Das Gebäude wird allerdings nicht etwa als Krankenhaus genutzt, sondern als atmosphärische Location für Ateliers, für Konzerte, Theater und andere Events.

HOCHBEGABTES TRIO

Italienische Renaissancekünstler wie Michelangelo kennt jeder – aber wie steht es um Juraj Dalmatinac, Nikola Firentinac oder Andrija Aleši? Nein? Wir verraten es niemandem, wenn du versprichst, dir ab jetzt die Namen zu merken. Denn gerade diese Architekten und Bildhauer sind d i e Vertreter der dalmatinischen Renaissance. Zur venezianischen Zeit herrschte in Dalmatien die Gotik vor, und nach dem Willen der konservativen Stadträte im 14. und 15. Jh. sollte das auch so bleiben. Von den Ideen der aufmüpfigen Jugend und dem neuen Stil wollten sie nichts wissen – bis diese drei mit ihrem italienisch-humanistischen Einfluss die dalmatinische Renaissancebewegung ins Rollen brachten. Dal-

SO TICKT DALMATIEN

matinacs Markenzeichen ist eine harmonische Mischung aus Alt und Neu, gotischen und von der Renaissance geprägten Stilmitteln. Wie sein italienischer Name Giorgio di Sibenico (1410–1475) schon aussagt, stammte er aus Šibenik, begann seine Karriere aber in Venedig, u. a. mit der Scuola di San Marco. In Dalmatien entwarf er mehrere Paläste und den Altar der Kathedrale in Split, die Kathedrale in Šibenik (vor der auch sein Denkmal thront) und die Festungsanlagen von Dubrovnik. Sein Kollege, der Toskaner Nikola Firentinac (Niccolò di Giovanni Fiorentino, 1418–1506), importierte den Stil seiner Heimat prompt nach Dalmatien und arbeitete mit Dalmatinac an der Šibeniker Kathedrale. Wenn es ums Ausschmücken ging, kam der albanische Bildhauer Andrija Aleši (Andrea Aleksi, 1425–1505) zum Einsatz. Er schuf mit Firentinac bspw. die Seitenkapelle in der Kathedrale von Trogir. Unübersehbar prägen die Werke der drei Meister bis heute das Bild dalmatinischer Städte.

LANG LEBE DER INSELKÖNIG

Wir befinden uns im 21. Jh. Ganz Kroatien ist eine demokratische Republik. Ganz Kroatien? Nein! Ein von unbeugsamen Dalmatinern bevölkertes Dorf hört nicht auf, Widerstand zu leisten: Auf der Insel Iž lebt bis heute die Monarchie fort. Die kleine Insel zwischen Dugi otok und Ugljan vor Zadars Küste hält stolz an dem Brauch fest, dass jedes Jahr gegen Ende Juli ein König gekürt wird. Auf diesem Volksfest, genannt *Iški kralj*, schiffen der König des

KLISCHEE KISTE

PROBIER'S MAL MIT GEMÜTLICHKEIT

Liegt hier etwa jemand auf der faulen Haut? Stress ade! Die dalmatinische Gelassenheit ist weithin bekannt. Das Leben im Süden pulsiert in einem langsameren Rhythmus. Nicht umsonst sagt eine dalmatinische Weisheit: Der Mensch ist müde geboren und lebt, um sich auszuruhen. Das Vorurteil stimmt aber nur in der Mittagshitze. Fakt ist, Dalmatiner arbeiten durchschnittlich sogar mehr als die als hochnäsig geltenden *Purgeri* („Bürger" – gemeint sind die Zagreber).

EINSAME IDYLLE

Das romantisierte Bild einer einsamen Insel trägt viele Städter durch öde Bürostunden. Allerdings machen unzuverlässige Festlandverbindungen, Wasserknappheit und wenige Nachbarn das reale Inselleben nicht so paradiesisch. Wenn die Fähre aufgrund der Bora tagelang nicht fährt, fühlt sich so mancher Insulaner wie auf dem Mars.

„DENN WER NICHT SINGT…

… ist kein Dalmatiner!", heißt es im berühmten Lied „Večeras je naša fešta" (Heute Abend ist unser Fest). Jeder noch so kleine Anlass kann in Dalmatien zu einem Partyanlass werden. Und kein Fest endet ohne gemeinschaftliches Schmettern.

Vorjahres und dessen Gefolge auf Booten in den Hafen von Veli Iž ein. Der König verabschiedet sich von seinen treuen Untertanen mit Feuerwerk, Glocken und großem Trara. Danach wird der neue König gewählt und mit Chorgesang, Folkloreauftritten und einer ausgelassenen Feier inthronisiert. Zu regieren hat er allerdings nicht viel, die Funktion ist natürlich eine rein symbolische und das Ritual steht nicht etwa dafür, dass sich die Inselbewohner die Habsburger oder die einstigen kroatischen Könige zurückwünschen – den Brauch gibt es schon seit der Antike auf dalmatinischen Inseln. Nur auf Iž hat er sich bis ins 19. Jh. erhalten, wurde in den 1970er-Jahren wiederbelebt und zum Folklorespektakel ausgebaut.

MUSIK FÜR DIE SEE(LE)

Hört man sie zum ersten Mal, wirken die Melodien der Klapa-Chöre irrsinnig kitschig. Aber als Hintergrundmusik in einer traditionellen dalmatinischen Taverne *(Konoba),* ein Gläschen Wein in der Hand – da erliegt jeder dem Charme dieser Volkslieder. Auch wenn du den Text nicht verstehst – garantiert dreht er sich um Seefahrt, Liebe oder Heimat. Oder alles zusammen. Es gehört praktisch zum guten Ton der Klapa-Sänger, dem Meer romantische Avancen zu machen. Aber um den Ideenreichtum der Texte geht es den Klapa-Fans gar nicht. „Klapa" heißt nämlich Gruppe oder Gemeinschaft. Und ihr einlullend wirkender Gesang lässt das Bild eines idyllischen Dalmatiens aus vergangenen Zeiten auferstehen, als Fischfang und Liebeskummer die einzigen Sorgen der Leute zu sein schienen. Traditionell sind es Männer, die singen, aber auch Frauen- und gemischte Chöre stehen inzwischen im Heimatlied-Rampenlicht. Der A-cappella-Gesang wird manchmal instrumentell von einer Art Mandoline begleitet, der *Tamburica*. Einige der berühmten Gruppen wie die *Klapa Intrade* und die *Klapa Cambi* aus Split wagen sogar den Spagat hin zum Pop/Pop-Rock, treten mit kroatischen Stars auf oder covern deren Lieder.

SAUBERE AUSSICHTEN AM STRAND

Eine malerisch weiß gesäumte Küste, ein schattiges Plätzchen unter Pinien ist gefunden und der Kies knirscht unter den Flipflops: Die Strände sind das Gold Dalmatiens. Das pure Badevergnügen wird nur von scharfen Steinen und Seeigeln eingeschränkt – sind aber kein Grund zur Panik, wenn man in Badeschuhe investiert. Seeigel gewinnen zwar keinen Beliebtheitswettbewerb, aber die stachligen Fieslinge sind ein gutes Zeichen: Pudelwohl fühlen sie sich nämlich nur, wenn das Wasser sauber ist. In vielen Orten, etwa entlang der Makarska-Riviera, finden sich Feinkiesstrände, aber echten Sand musst du lange suchen. Ganz unter uns, Sandstrände sind sowieso überbewertet! Statt Trübe sehen Schnorchler und Taucher an Kiesstränden auch die entfernteste Seegurke wie in HD. Sauberkeit versichern einem nicht nur die Einheimischen, die sich nichts Idyllischeres vorstellen können als ihre Adria, son-

SO TICKT DALMATIEN

dern auch die an vielen Stränden wehende Blaue Flagge.

TIERISCH GEFRAGT
Bevor es Traktoren gab, waren Esel als Helfer in Weinbergen und Olivenhainen im Einsatz. Die meisten wurden inzwischen vom Arbeitsmarkt gedrängt – und nicht selten einfach ausgesetzt. Im Reservat von 👀 Tribunj Tovar genießen die Tiere ihren Ruhestand. Findige Unternehmer verdienen auch Geld mit ihnen. Auf Eselfarmen wie 👀 Dar Mar in Poljica Brig ziehen sie Touristen an, ihre Milch wird als Gesundmacher angepriesen. Einen besonderen Platz haben die Tiere im Herzen von Tribunj. Jeden August stehen dort die Tiere bei einem lustigen Rennen im Mittelpunkt. Das Ganze läuft mehr oder weniger erfolgreich ab – manche unkooperative Esel lassen sich die Laufrichtung nicht einfach von ihren Reitern vorgeben. Ein wenig divenhaft dürfen sie ja sein, schließlich ehrt Tribunj sie sogar mit einer lebensgroßen bronzenen Statue. Bei so viel Aufmerksamkeit kein Wunder, dass der Esel als Symbol Dalmatiens von Postkarten grüßt.

Wo sie sind, ist die Wasserqualität hoch: Seeigel

DER KNOTENPUNKT DER MÄNNERMODE
Frankreich soll die Mutter der Mode sein? Dann ist Kroatien wohl die Großmutter. Oder zumindest die Tante dritten Grades. Von hier stammt nämlich: die Krawatte. Die Legende will es, 1663 war's, Schloss Versailles war noch nicht fertiggebaut, dass Frankreichs Ludwig XIV. seine Regimenter zur Truppenparade vor der Baustelle antreten ließ. Unter den Soldaten stolzierten kroatische Söldner, deren Brust mit einer am Kragen befestigten Tuchrosette geschmückt war. Ludwig soll begeistert gewesen sein von diesem Accessoire, verordnete es seinem Adel und schickte damit die *cravate* (abgeleitet vom franz. *croate*) auf ihren modischen Siegeszug um die Welt. Wahr ist, dass sich der Begriff Krawatte von Kroate ableitet, der Rest der Geschichte dagegen ist ziemlich sicher erfunden.

ESSEN
SHOPPEN
SPORT

Kajaks an der Insel Lopud

ESSEN & TRINKEN

Zutaten für ein traditionelles dalmatinisches Gericht: Als Basis ein hochwertiges Stück Sorgfalt und Zeit (am besten fangfrisch vom Markt). Mariniere dieses mit Olivenöl, Kräutern und Salz. Runde das Ganze mit einer Prise Regionalcharakter ab und ab auf den Grill. Zu genießen mit Meerblick, Wein und mediterraner Gelassenheit. *Dobar tek!* (Guten Appetit!)

TYPISCH MEDITERRAN?
Dalmatiens Speisekarte ist reichhaltig, leicht und gesund – nicht ohne Grund ist die mediterrane Küche 2013 von der Unesco in das Welterbe aufgenommen worden. Auf dem Teller landen vor allem regionale Produkte, die in jeder Gegend mit einem individuellen Touch zubereitet werden. Der historische italienische Einfluss ist nicht zu übersehen. Viel frischer Fisch und Gemüse, Kräuter wie Rosmarin, Salbei oder Thymian und naturreines Olivenöl sind die Eckpfeiler. An Traditionellem gehören auch deftige Fleischgerichte, Pasta und Risotto dazu.

KULINARISCHE UHR
Frühstück soll die wichtigste Mahlzeit des Tages sein? Nicht für die meisten Südländer, wie auch die Dalmatiner. Priorität hat zunächst Kaffee *(Kava)*, der meist als Espresso mit Zucker getrunken wird. Das Essen wird auf die Marenda verschoben, eine etwas vorgezogene Mittagspause. Zu der Tageszeit haben viele Lokale preiswerte Häppchen im Angebot, beispielsweise *girice* (frittierte Sardellen); Pasta oder *Rižot* (Risotto). Auch Bäckereien bieten deftige Imbisse wie Pizzaschnitten oder gefüllten Blätterteig an. Die Hauptmahlzeit ist das Abendessen, das später losgeht als in Deutschland (gegen acht, neun Uhr abends),

Spezialitäten an der Küste: Fritule (li.) und Fischgerichte (re.)

nachdem die größte Sommerhitze mit der Sonne hinter dem Horizont verschwunden ist.

BITTE ZU TISCH

Fischrestaurants, Pizzerien und die rustikalen Weinkeller, die Konobas, sind überall zu finden und bieten authentische dalmatinische Küche an. Die Qualität eines Restaurants kannst du ganz einfach daran feststellen, wie viel Olivenöl es verwendet. Es gilt: Je mehr, desto besser. Zu viel davon kann es nicht geben. Auch unvorstellbar: eine Mahlzeit ohne das fluffige Weißbrot. Pommes? Mit Brot! Pasta? Mit Brot! Daher wird für das Brotkörbchen am Tisch auch kein Aufpreis berechnet. Trinkgeld ist anders als in Italien nicht im Preis enthalten – etwa 10 Prozent sind im Restaurant üblich, an der Bar wird es nicht erwartet. Wenn du Appetit auf Fisch hast, pass ein bisschen auf: Auf der Speisekarte steht oft nur der Kilopreis. Mach besser mit dem Kellner aus, wie viel die Portion wiegen darf, damit dir bei der Rechnung nicht die Augen aus dem Kopf fallen. Dazu ein Glas Weißwein – Wasser zu Fisch ist ein No-Go.

FISCH UND FLEISCH

Die kulinarische Reise beginnt meist mit dem hauchfein geschnittenen luftgetrockneten Schinken *Pršut,* der oft mit würzigem Schafskäse und Oliven serviert wird. Bei den Hauptspeisen liegt der Schwerpunkt auf Fisch oder Fleisch vom Grill mit Gemüse, Reis oder *Njoki* als Beilage. Zu Fisch gibt es in der Regel *Blitva,* gedünsteten Mangold mit Kartoffeln. Neben verschiedenen Fischsorten sorgen Meeresfrüchte wie Muscheln, Tintenfisch oder Scampi für Abwechslung auf dem Grill, im Eintopf oder im Risotto. Zu beliebten Fleischgerichten zählen der geschmorte Rinderbraten

Pašticada oder die aus Bosnien stammenden Hackfleischgerichte *Pljeskavica* und *Čevapčići*. Unbedingt kosten solltest du eine Spezialität, die auf ganz besondere, traditionelle Weise zubereitet wird. Unter der Peka, einer gusseisernen Glocke, werden Fleisch oder Tintenfisch mit Gemüse und Kräutern in der Glut einer Feuerstelle gegart. Das Ganze dauert etwa zwei Stunden, daher ist Vorbestellen unbedingt notwendig – es lohnt sich! Wer etwas Ausgefallenes abseits der Angebote in Touristenorten probieren möchte, kann im Neretva-Delta Frosch-Aal-Eintopf probieren. Früher ein Armeleuteessen, gilt der heute als Delikatesse.

INSIDER-TIPP: Süßwasserschätze

WINE & DINE

Nicht ohne Grund ist Wein eines der Hauptthemen in der *Klapa*-Musik. Dalmatien hat exzellente einheimische Weine und Topwinzer, bei denen man einen guten Tropfen verkosten kann. In vielen Küstengegenden wird der Rotwein *Plavac* hergestellt, von der Halbinsel Pelješac, stammen die Sorten *Dingač* und *Postup*, Primošten gewinnt aus einer autochtonen Rebe den *Babić*.

Zum Dessert passt ein süßer *Prošek*. Er kann verschiedene Farben haben, hat aber auf keinen Fall etwas mit Prosecco zu tun – auch wenn Italien den Namen wegen zu großer Ähnlichkeit verbieten lassen will. Wenn du gerne Weinschorle trinkst, bestell auf gut Deutsch ein *Gemišt* (Betonung auf der ersten Silbe), mit Rotwein heißt es *Bevanda*.

Bei Durst nach etwas Hopfigem helfen die kroatischen Biere *Ožujsko* und *Karlovačko*. Ist der Magen überstrapaziert, hilft ein Verdauungsschnäpschen. Auch bei diversen anderen Problemen (Erkältung, Zahnschmerzen, Liebeskummer) gilt *Rakija* als Allheilmittel. Auf jeder Getränkekarte stehen der grappaähnliche *Lozovača*, der Kräuterschnaps *Travarica* oder Obstschnäpse.

Lieber kein Alkohol? Bestell Mineralwasser (*gazirana*, mit Kohlensäure, *negazirana*, still) oder *Cedevita* – Kinder lieben die Instant-Orangeade oder Limonade.

SÜSSE SÜNDE

Nach der Devise „weniger ist mehr" setzen sich die meisten dalmatinischen Desserts aus ganz simplen Zutaten zusammen: Eier, Mehl und Zucker. Das heißt nicht, dass sie weniger süchtig machen. Beweisstück A: die Minikrapfen *Fritule* und das Gebäck *Kroštule*. In Restaurants gibt es meistens Eis, Obst oder Pfannkuchen.

GRÜN UND VON HIER

Auf ihre Produkte sind die Einheimischen zu Recht stolz. Die Devise heißt regional und frisch. Nur bio ist nicht logisch, sondern in Restaurants rar und im Supermarkt relativ teuer. Vegetarier haben in der gemüse- und pastareichen Küche genug Alternativen. Schwieriger ist vegan, doch inzwischen haben alle größeren Orte präsentable Veggie-Spots zu bieten. Notfalls einen Blick in die Beilagenkarte werfen: Gegrilltes Gemüse und Reis gehören zum Standard.

ESSEN & TRINKEN

Unsere Empfehlung heute

Vorspeisen

DALMATINSKI PRŠUT
hauchfein geschnittener luftgetrockneter Schinken

PAŠKI SIR
Hartkäse aus Schafsmilch von der Insel Pag

SALATA OD HOBOTNICE
gebratener Tintenfisch auf Salat

Hauptgerichte

PAŠTICADA
geschmorter Rinderbraten, Trockenfeigen geben der Sauce einen leicht süßlichen Geschmack

PEKA
gusseiserne Glocke in der Glut eines Herdfeuers, in der Fleisch oder Tintenfisch mit Gemüse gegart wird

JANJETINA
Lammfleisch, oft unter der *Peka* zubereitet

PLJESKAVICA
gegrilltes Hacksteak, gelegentlich mit Käse, *Kajmak*, gefüllt

CRNI RIŽOT
Risotto, mit Sepia-Tinte schwarz gefärbt

RIBLJA PLATA
gemischte Grillplatte mit Fischsorten wie Goldbrasse oder Wolfsbarsch und Meeresfrüchten, als Beilage Mangold

Desserts

FRITULE
Minikrapfen ohne Füllung, mit Vanillezucker bestreut

ROŽATA
Dubrovniker Crème Caramel, meist mit *Arancini*, kandierten Orangenschalen serviert

TROGIRSKI RAFIOLI
süßes Gebäck in Ravioliform aus Trogir, gefüllt mit Mandeln

Getränke

DINGAČ
traditionsreicher Rotwein von der Halbinsel Pelješac

MARASCHINO
Likör aus Maraska-Kirschen, aus der Region Zadar

LOZOVAČA
Traubenschnaps, vergleichbar mit Grappa

SHOPPEN & STÖBERN

Ein Stückchen Sommerfeeling passt in jeden Koffer. Kitschige Massenware muss nicht sein, denn mit ein bisschen Stöbern entdeckst du originelle lokale Designer und Künstler. Auch ewig beliebt: essbare Mitbringsel.

TOTAL LOKAL

Junge Locals zeigen, was sie unter typisch dalmatinischen Souvenirs verstehen. Auf den T-Shirts von Đeloza Dizajn *(Facebook: delozadizajn)* kombiniert Splits Jugendclub dalmatinische Weisheiten mit kreativen Logos. Den berühmten dalmatinischen Trotz bilden unter dem Motto *„Uvik kontra"* (immer dagegen) Fische ab – einer schwimmt gegen den Strom. Von den sympathischen Entwürfen der *Omiš Originals (short.travel/kkd10)* kommt der „Local Vocal" super an, ein Minecraft-Figürchen eines *klapa*-Sängers. Aus Sand und blauem Kunstharz schafft Luka Mimica *(Facebook: blootal)* aus Split Inseln zum Mitnehmen.

SCHICKE ERINNERUNGEN

Welche Mitbringsel sind praktisch, stylisch und werden nie in einer Glasvitrine verstauben? Tragbare Souvenirs, die dich das Urlaubsgefühl in den Alltag mitnehmen lassen. Statt Fließbandware schnapp dir am besten ein Unikat von einem lokalen Designer – oft überraschend leistbar! Beim Thema Mode kreist Dalmatien um die Sonne. Nicht nur in Miniboutiquen, auch in den endlos vielen Kunstgalerien gibt es neben, nun ja, Kunst, oft handgemachte Accessoires zu kaufen. Auch Traditionelles bleibt auf diese Weise zeitlos: elegante Anhänger, gearbeitet aus dem marmorähnlichen Brač-Stein; oder filigrane Silber- und Goldrepliken von historischem Schmuck von Armbändern bis Ohrrin-

Lavendelsäckchen (li.) und Spezialität der Halbinsel Pelješac: Rotwein (re.)

INSIDER-TIPP
Handgestickter Ethnostil

gen; manche Ethnodörfer bieten mit authentischen Mustern bestickte Stofftaschen oder Kleidung aus Naturmaterialien.

KOFFER-KULINARIK

Mit Essen liegst du nie verkehrt. Und in Dalmatien lassen sich so einige extravagante Delikatessen entdecken. Wie wär's mit Rosmarin-Olivenöl, Feigen-Orangen-Marmelade oder die für Dubrovnik typischen kandierten Orangenschalen *Arancini*? Nicht zu vergessen das regionale Hauptnahrungsmittel: Olivenöl. Manchmal wird es mit Kräutern wie Rosmarin oder Chilis versetzt und in (je nach Geschmack) eleganten bis anzüglich geformten Glasflaschen verkauft.

GUTE TROPFEN

Weine, Schnäpse und Liköre sind oft (ver)kostbar. Rotweine von der Halbinsel Pelješac können zwar im Supermarkt gekauft werden, mehr Spaß macht es aber beim Winzer. Schnaps *(Rakija)* sollte lieber nicht im privaten Keller gebraut worden sein – nicht jeder Hobbybrenner weiß, was er da tut. Am beliebtesten sind der Traubenschnaps *Lozovača* und der Kräuterschnaps *Travarica*. Wer es lieber süß mag, probiert den süßen Honigschnaps *Medica* oder den Kirschlikör *Maraschino*.

DER SOMMER DUFTET LILA

Die Lavendelfelder in Hvar machen nicht nur auf Postkarten eine gute Figur; in Souvenirshops verbreiten die Blüten in allen erdenklichen Formen ihr Aroma. Seife und Säckchen sind üblich, aber hast du schon einmal Lavendelhonig oder -meersalz probiert? Koste in Hvar eine Kugel Lavendeleis (leider nicht zum Einpacken geeignet). Ein mit Lavendel gefülltes Nackenhörnchen sorgt für eine ruhige Heimreise.

SPORT

Ob Unterwasserriff oder Felswände, Wander- oder Segelrouten: Gebirge und Küste sind über all nah und auch Sportmuffeln wird in so einer Landschaft keine Ausrede mehr einfallen.

ANGELN
Der Fischreichtum in der Adria, aber auch im Süßwasser wie im Vrana-See, ködert Angler. Du brauchst eine Ein- oder Mehrtages-Genehmigung, die du bei vielen lokalen Tourismusbüros oder online auf *ribarstvo.mps.hr* (englisch) erwerben kannst. Eine Tageskarte kostet je nach Ort und Fanggerät ca. 8 Euro, eine Dreitageskarte ca. 20 Euro.

CANYONING & RAFTING, KANU & KAJAK
Wildwasserfans, wagt es, die abenteuerliche Fahrt auf der Cetina im Hinterland von Omiš in Angriff zu nehmen. Einer von vielen Veranstaltern ist der *Raftingverband Omiš (Tel. 021 86 31 61 | raft.hr)*. Die Landschaft der Cetina-Schlucht, wo Wasserfälle von kalkweißen Felswänden fallen und die Strömung die Felsbecken durchsprudeln, ist auch ein Topziel für Canyoning. Den Canyon herabsteigen, von Felsen ins Wasser springen und dich bei der Extrem-Canyoning-Variante sogar abseilen kannst du u.a. mit der Agentur *Adventure Dalmatia (Matije Gupca 26, Split | Tel. 091 1 82 89 95 | splitadventure.com)*.

In Norddalmatien sind es die Wasserläufe der Krupa und der Zrmanja, die Kanuten anziehen. Mit der Agentur *Kornatica (Put Slanice 7 | Murter | Tel. 099 2 43 73 23 | kornatica.com)* geht es beispielsweise in fünf Stunden die wilde Zrmanja hinunter bis zur Mündung in die Adria. Falls du den Fluss lieber im Gummiboot hinunterrasen möchtest, bist du bei *Riva Rafting Centar (Obrovac | Tel. 023 68 99 20 |*

Inselreich(es) Dalmatien: Hier lässt sich die Spezies Boothüpfer gut beobachten

riva-rafting-centar.hr) unweit von Zadar richtig. *Seekajak-Fahren* macht im Elaphiten-Archipel oder im Kornati-Nationalpark besonders Spaß. Kajaks sind in den größeren Touristenorten zu leihen, oder du schließt dich geführten Exkursionen an. So z. B. auf Korčula, wo es von Lumbarda aus zu den vorgelagerten Inseln Vrnik und Planjak geht. Der Veranstalter *Korčula Adventures (Lumbarda 44 | Lumbarda | Tel. 098 34 41 82 | korcula-adventures.com)* verleiht auch Glasbodenkajaks!

FREECLIMBING

Steile Felswände erklimmen, die eigenen Grenzen austesten und als besonderen Bonus die Adriaküste von oben sehen: Klettern ist ein Trendsport in Dalmatien – auf Karten poppen ständig neue Gebiete und Routen auf. Klassisches Ziel an der Küste ist der Nationalpark Paklenica mit 1600 m hohen Felswänden und 360 Routen vom Schwierigkeitsgrad 3 bis 8b+. Die besten Infos findest du in Boris Čujić' Kletterführer „Paklenica", zu kaufen bei der *Nationalparkverwaltung (Tel. 023 36 91 55 | np-paklenica.hr)*. Ende April/Anfang Mai findet hier der Freeclimber-Wettbewerb International Climbers Meeting statt. Auch für Nichtkletterer ein atemberaubendes Schauspiel! Extrem facettenreich sind die Steilhänge der Cetina-Schlucht bei Omiš *(Tourist-Info Omiš (Tel. 021 86 13 50 | tz-omis.hr)* und *climbingomis.com)*. Unter den Inseln sind Brač und Hvar Topziele.

INSIDER-TIPP
Schwindelfreie Stars

PARAGLIDING

Wer nicht höhenscheu ist, findet in der Region Split bei Hrvace oder bei Makarska im Biokovo-Gebirge die schönsten Flugbahnen. Die einzigen organisierten Ausflüge der Region bietet derzeit der *Flugclub Pegaz (Tel. 021 82 90 83 | Facebook: Paragliding-hanggliding)* mit Paragliding und Hanggliding in Hrvace, ca. 40 km von Split entfernt. Neulinge können im Tandem fliegen, Profis im Sommer am internationalen Streckenwettbewerb teilnehmen.

RADFAHREN & MOUNTAIN-BIKING

Ob Renn- oder Genussradler, Mountain- oder E-Bike-Fahrer: Alle finden die passende Herausforderung. Vielerorts sind spezielle Fahrradwege, teils auf früheren Hirtenpfaden, ausgewiesen. In der Region Zadar kannst du mit der App *Zadar Bike Magic* insgesamt 86 Routen mit 3000 km Radstrecke erforschen (auf Englisch). Tourismusverbände bieten oft Karten zum Download an. Einen Fahrrad- und Mountainbikeverleih (auch E-Bikes) gibt es in den meisten touristisch geprägten Orten. Inselhüpfen mit dem Fahrrad macht besonders Spaß: Mit Motorseglern fährst du von Insel zu Insel und erkundest Sights und Landschaften mit dem Trekkingbike. Solche Reisen kannst du u. a. bei *Idriva Tours (kroatien-idriva.de)* oder bei *Inselhüpfen Reisen (inselhuepfen.de)* buchen. Letztere veranstalten sogar Touren mit dem Elektrobike.

REITEN

Mit wehender Mähne in dalmatinischer Kulisse galoppieren – das muss kein Traum bleiben. In Sinj, ca. 35 km von Split entfernt, reitest du auf Winnetous Spuren in Karst- und Flusslandschaft. Mehrtägige Ausflüge auf der Strecke Sinj sowie im Gebiet der Plitvicer Seen organisiert u.a. der *Reitclub Split (Radunić, Donje Ogorje | Tel. 021 66 35 55 | equestrianclubsplit. com)*.

Anfängergeeignet sind die Kurzausflüge in Zadars Hinterland bei *Horse Riding Zadar (Hrvatskog Sabora, Zadar | Tel. 091 724 9939 | horseridingzadar.com)* – auf kleine Kinder warten Ponys.

SURFEN, SEGELN & KITEN

Mit 1184 Inseln ist Kroatien ein exzellentes Segelrevier und häufig wirft man den Anker in einer idyllischen Bucht oder vor der romantischen Kulisse eines Fischerstädtchens. Die Infrastruktur für Segler und Bootsfahrer ist hervorragend, Marinas und Häfen befinden sich auf dem modernsten Stand. Informationen über die 56 kroatischen Marinas und welche Regeln zu beachten sind, bekommst du bei der *Kroatischen Zentrale für Tourismus (Tel. in Deutschland 069 2 38 53 50 | croatia.hr)*. Viele dalmatinische Marinas unterhält der *Adriatic Croatia International Club (aci-marinas.com/de)*.

Wind- und Kitesurfer laufen folgende Reviere an: Orebić, wo im Kanal zwischen den Inseln Korčula und Pelješac bei guten Windverhältnissen hohe Geschwindigkeiten erreicht werden *(orebic.hr)*, Bol auf der Insel Brač, ebenfalls eine Wasserstraße mit der Insel Hvar gegenüber *(bol.hr)*, und Nin nördlich von Zadar *(surfmania.hr)*. Überblick über Bedingungen und Windverhältnisse bietet die Website *surfspot.de*.

SPORT

TAUCHEN & SCHNORCHELN

Die kroatische Adria ist dank der vielen Inselchen und Riffe, versunkenen Schiffe und Amphoren und einer erstaunlichen Artenvielfalt ein phantastisches Tauch- und Schnorchelrevier. Selbst beim Schnorcheln vom Strand aus lassen sich Fische, Kraken und Krebse beobachten. Profi-Wassermänner ertauchen das Schiffswrack „Toronto" bei Dubrovnik, die mythisch leuchtende Blaue Grotte bei Biševo oder das antike Unterwassermuseum bei Lastovo – nur ein paar bekanntere Beispiele unter den über 100 Sites an der Küste. Wer sich geführten Tauchexkursionen anschließt, benötigt keine Diver's Card. Individuell darfst du nur mit der Großen Tauchgenehmigung tauchen, die bei den Hafenmeistereien gegen Vorlage des Tauchbrevets erhältlich ist (ca. 320 Euro/Jahr). Auskunft: *Kroatische Zentrale für Tourismus (Tel. in Deutschland 069 2 38 53 50 | croatia.hr).*

WANDERN

Wenn auch nicht überall ideal ausgeschildert, gibt es in Dalmatien wahnsinnig schöne Wander- und Trekkingtourenstrecken. Zumindest in den Natur- und Nationalparks, im Biokovo-Gebirge, auf der Insel Mljet, in den Paklenica-Schluchten und in Plitvice finden Besucher zahlreiche markierte und dokumentierte Pfade. Auch viele touristische Inseln wie Korčula, Hvar oder Brač sind gut erschlossen.
Geh besser nicht querfeldein – seit dem Jugoslawienkrieg liegen hier und da noch einige Minen.

Kletterer im Nationalpark Paklenica

DIE REGIONEN IM ÜBERBLICK

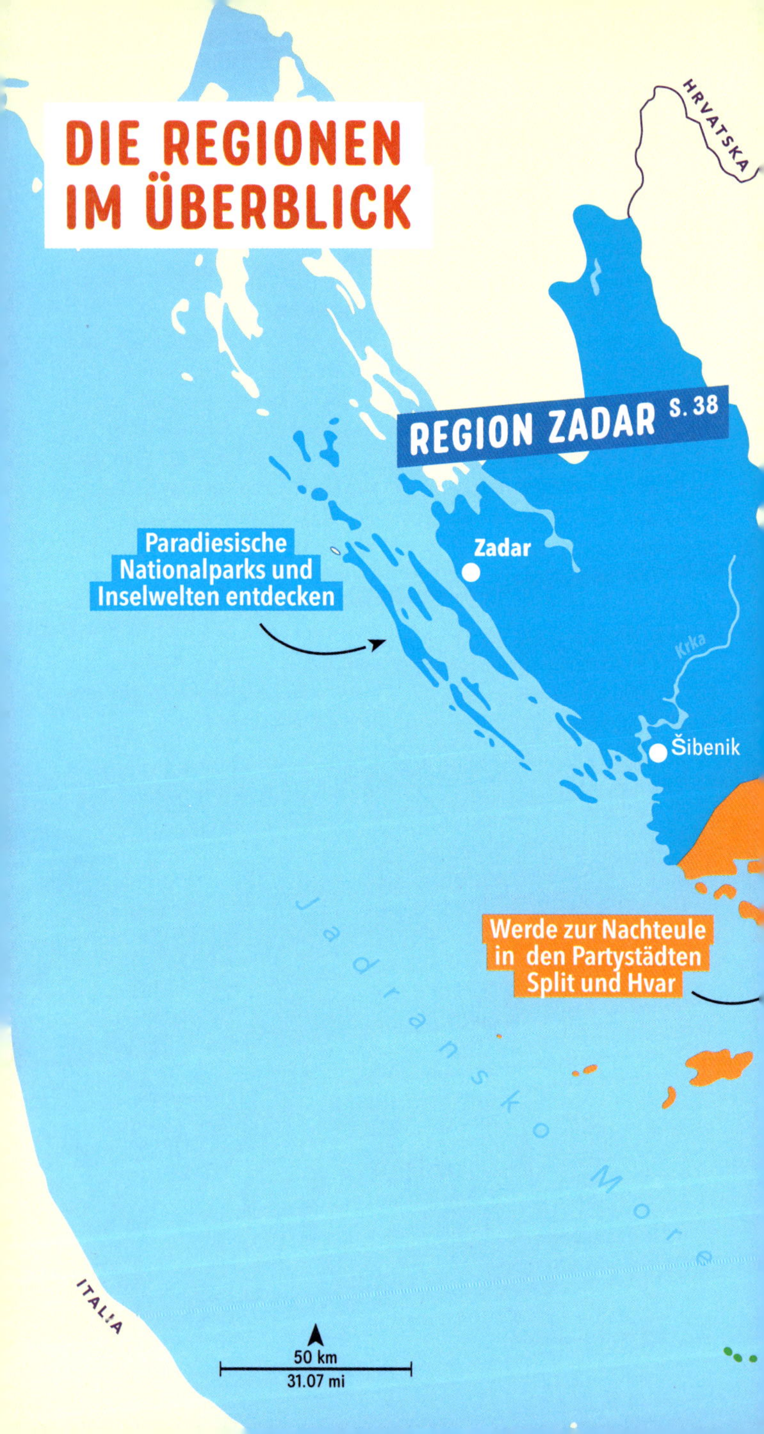

HRVATSKA

REGION ZADAR S. 38

Paradiesische Nationalparks und Inselwelten entdecken

Zadar

Krka

Šibenik

Werde zur Nachteule in den Partystädten Split und Hvar

Jadransko More

ITALIA

50 km
31.07 mi

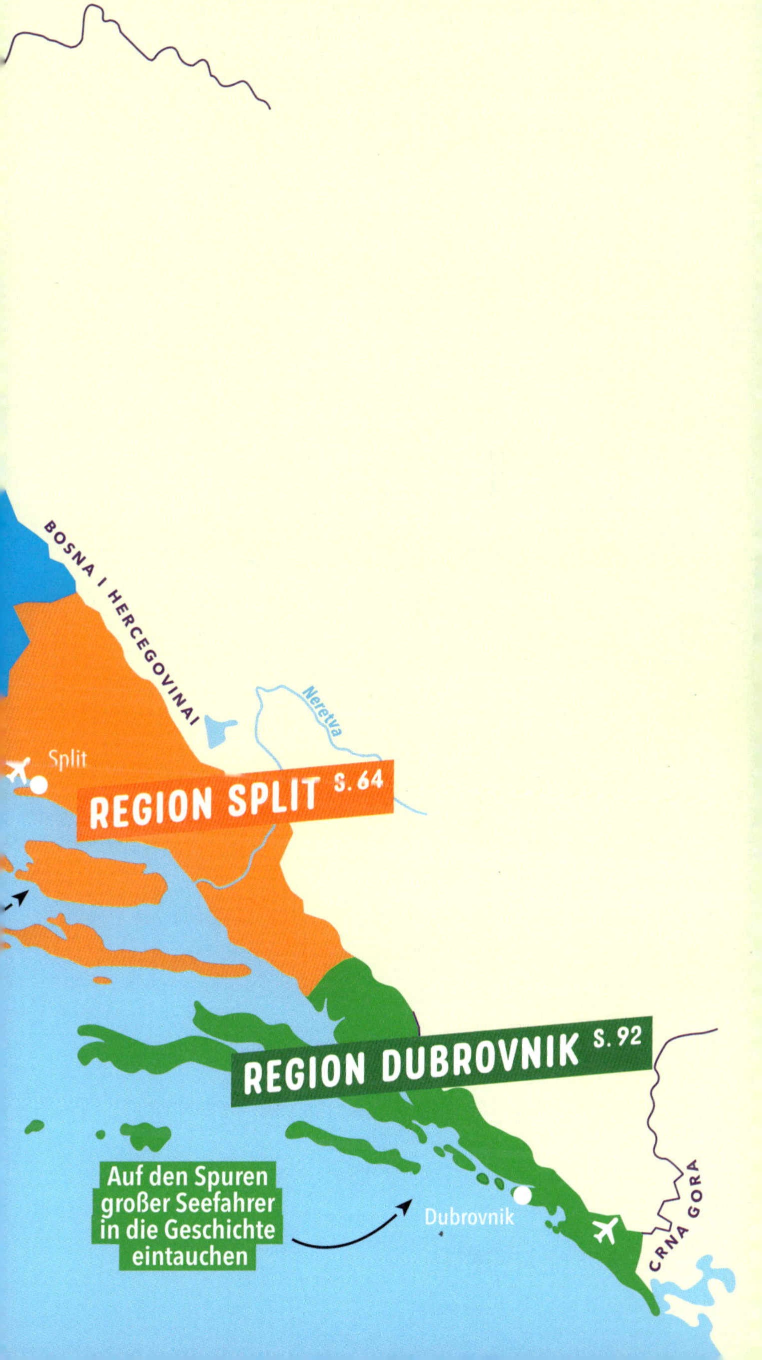

BOSNA I HERCEGOVINA!

Neretva

Split

REGION SPLIT S. 64

REGION DUBROVNIK S. 92

Auf den Spuren
großer Seefahrer
in die Geschichte
eintauchen

Dubrovnik

CRNA GORA

REGION ZADAR

SCHÄTZE FÜR KULTUR- UND NATURFANS

Eine einzigartige Vielfalt an Naturlandschaften, aber auch kulturelle Güter aus sämtlichen Epochen verwandeln das nördliche Dalmatien zwischen dem Velebit-Gebirge im Norden und dem auf einer Halbinsel liegenden Fischerdörfchen Primošten im Süden zu einem Topziel für Entdeckungshungrige.
Hier die stolzen Hafenstädte Zadar und Šibenik mit ihren romanischen Kirchen und Renaissancepalästen, aber auch modernen architektonischen Kunstwerken; dort die tiefgrünen Wasserkaskaden im

Bogenbrücke über den Fluss Krka

Krka-Nationalpark, die tief ins Velebit-Gebirge eingegrabenen Schluchten der Paklenica, die Olivenhaine des grünen „Vororts" von Zadar, Ugljan, oder die Felsen von Dugi otok. Das Wahrzeichen dieser Küste sind jedoch die unzähligen Inseln im Nationalpark Kornati. Das Segel- und Tauchparadies ist nicht wie einer Fischerslegende nach aus Gottes Tränen entstanden, sondern aus einer überfluteten eiszeitlichen Hügellandschaft: Die Kalksteinrücken ragen heute noch aus der Adria.

ZADAR

ZADAR

📖 *E3* **In Dalmatiens zweitgrößter Hafenstadt (73 000 Ew.) sind drei Jahrtausende Architektur und Kunst erhalten, aber auch die jüngere Geschichte hat Zeugnisse hinterlassen – und dies nicht nur mit der faszinierenden Kunstinstallation von *Meeresorgel* und Gruß an die Sonne, wo sich die Zadarer gerne treffen, um den Sonnenuntergang zu erleben.**

Zadars Altstadt liegt auf einer Halbinsel, die nur über einen schmalen Zugang mit dem Festland verbunden ist. Ab 1409 unter venezianischer Herrschaft wurde sie mit Mauern und Toren zur Seefestung ausgebaut. Bis 1918 war Zadar Hauptstadt Dalmatiens und bis 1947 wurde ihr Lebensgefühl von einer großen italienischen Gemeinde geprägt, die die Stadt nach dem Anschluss an Jugoslawien verließ. Das italienische Flair ist im Stadtzentrum mit seinen vielen Cafés heute noch spürbar. In den Altstadtgassen fallen zwischen Barock und Gotik viele Häuser des Razionalismo, der italienischen Architektur des Faschismus, ins Auge. Sie wurden in den 1920er- und 30er-Jahren erbaut, als Zadar italienische Enklave war. Ein Großteil der Altstadt wurde bei englischen und amerikanischen Bombardements 1943/44 zerstört.

Mit der ⭐ *Zadar Card (60 Kuna / Tag | zadarcard.com)* oder günstiger bei mehreren Tagen (gilt für die ganze Familie) sparst du bei Sehenswürdigkeiten, Shops und Restaurants – Tipp:

REGION ZADAR

auch für einen Bootsausflug in den Nationalpark Kornati.

SIGHTSEEING

VOLKSPLATZ (NARODNI TRG)
Bis in den Abend hinein ist hier auf dem Volksplatz immer etwas los. Den zentralen Platz der Altstadt säumen eine barocke *Loggia* (16. Jh.), die *Stadtwache* im Stil der Renaissance und das im 19. Jh. erbaute *Rathaus*. Im *Café Lovre* sind die Fundamente der Kirche *Sv. Lovro* aus dem 11. Jh. erhalten. Geht man wenige Schritte weiter, fällt das schmucke *Palais Ghirardini* im Stil der venezianischen Gotik ins Auge.

PLATZ DER FÜNF BRUNNEN (TRG PET BUNARA)
Nur über eine Zugbrücke und durch das heute noch bestehende, von Michele Sanmicheli in Form eines Triumphbogens errichtete *Landtor* (1543) war die Halbinsel früher zu erreichen. Hinter dem Tor schmücken fünf Renaissancebrunnen den bezaubernden Platz, unter dem Zadars größte Zisterne Regenwasser auffing. Hier sind noch Teile der zinnenbewehrten, mittelalterlichen *Stadtmauer* mit Wachturm und zwei schöne *Paläste* aus dem 14./15. Jh. erhalten. In der Barockkirche *Sv. Šimun* stützen zwei Engel den imposanten, aus Silber und Gold gearbeiteten Sarkophag des Stadtpatrons St. Simeon (14. Jh.). Nordwestlich des Platzes 🚩 beginnt das lebhafte Viertel *Varoš*. In den schmalen Gassen sind die Kneipen aneinander gereiht, vereinzelt triffst du noch auf alte Werkstattläden.

INSIDER-TIPP: Wo Zadars Studenten barhoppen

GLASMUSEUM (MUZEJ ANTIČKOG STAKLA)
Hier wird mit Feuer gespielt: Sieh zu, wie aus einer zähen Masse Glasschmuck wird. Die gut gearbeiteten Repliken der römischen Ausstellungsstücke wie Becher, Schalen, Parfumbehälter oder Lampen werden im Museumsshop verkauft. *Mo–Sa 9–21 Uhr | 30 Kuna | Poljana Zemaljskog odbora 1 | mas-zadar.hr | ⏱ 1,5 Std.*

SV. DONAT UND SV. STOŠIJA ★
An Säulenstümpfen und Tempelfundamenten ist unschwer zu erkennen, dass der Platz mit den beiden Kirchen mal ein römisches Forum war. Im 9. Jh. wurde hier die eigenwillige Rotunde der Kirche *Sv. Donat (tgl. 9–19 Uhr, Juni bis 21, Juli/Aug. bis 22 Uhr | 20 Kuna)* errichtet. Der vorro-

> **WOHIN ZUERST?**
>
> Von der Uferpromenade **Obala kneza Branimira** in der Neustadt (mit Parkmöglichkeiten) führt eine Fußgängerbrücke auf die Halbinsel mit dem historischen Stadtkern. Geradeaus weiter erreichst du den **Narodni trg** mit der Touristinformation. Romantischer ist es, sich von den *barkajoli* mit dem Ruderboot über das Hafenbecken setzen zu lassen, wie es hier seit 800 Jahren üblich ist (5 Kuna).

ZADAR

manische Bau ist mit 26 m ungewöhnlich hoch; seine hervorragende Akustik kommt im Sommer bei den *Musikabenden* (s. S. 135) besonders gut zur Geltung. Im Inneren sind römische Säulenreste und Kapitelle sowie altkroatische Reliefs erhalten. Zadars Kathedrale *Sv. Stošija (Sommer Mo–Fr 8–14, 17–19, Sa/So 8–12, sonst Mo–Fr 8–12, 18–19, Sa/So 8–12 Uhr)* gleich nebenan erweiterte im 12./13. Jh. das sakrale Zentrum der Stadt. Ihre romanisch-gotische Architektur mit den eleganten Fensterrosen erinnert an toskanische Gotteshäuser. Das dreischiffige Innere schmücken reich dekorierte Altäre, darunter ist vor allem der Altar mit dem Reliquiensarkophag der Kirchenpatronin, der hl. Anastasia, sehenswert. Er stammt aus dem 9. Jh. und trägt Flechtbandornamente und ein Relief der Heiligen. Vom 56 m hohen Glockenturm *(Mo-Sa, Juni–Sept. 9–22, April, Mai, Okt. 10–17 Uhr | 15 Kuna)* genießt man einen herrlichen Blick über die Altstadt. | ⊙ *1 Std.*

ARCHÄOLOGISCHES MUSEUM (ARHEOLOŠKI MUZEJ)

Vom obersten Stockwerk zurück nach unten reist du chronologisch durch Zadars Geschichte, angefangen bei den Illyrern über die Römer bis zu den Slawen und dem altkroatischen Mittelalter. Spannend für Kenner: Es werden Exponate wie Sarkophage, Taufbecken und Altarschranken aus dem 9. bis 11. Jh. gezeigt. Im Museumsshop gibt es handgemachten Modeschmuck mit archäologischen Moti-

INSIDER-TIPP Antik gestylt mit Münzarmband

ven. *Juli/Aug. tgl. 9–22, Juni, Sept. tgl. 9–21, April/Mai, Okt. Mo–Sa 9–15, Nov.–März Mo–Fr 9–14, Sa bis 13 Uhr | 40 Kuna inkl. Eintritt Sv. Donat | Trg opatice Čike 1 | amzd.hr |* ⊙ *2 Std.*

GOLD UND SILBER VON ZADAR (ZLATO I SREBRO ZADRA)

Im *Benediktinerinnenkloster (Mo–Sa 10–13, 17–19, So 10–13 Uhr, Winter So geschl. | 30 Kuna)* sind filigran gearbeitete und mit kostbaren Edelsteinen geschmückte Kirchenschätze und Reliquien aus ganz Dalmatien zu sehen. | ⊙ *1 Std.*

MEERESORGEL (MORSKE ORGULJE) ★

Der Lieblingstreff von Einheimischen wie Touristen entstand, als der Hafen an der westlichen Spitze der 500 m breiten Halbinsel umgestaltet wurde. Architekt Nikola Basić entwarf nicht nur einen modernen Terminal, sondern auch die schicke Uferpromenade, von der Stufen zum Meer hinunterführen. Unter diesen Stufen verbergen sich unterschiedlich lange Plastikröhren, an deren Ende Pfeifen angebracht sind. Je nach Wellengang werden mal unheimlich, mal besinnlich klingende Töne erzeugt, und manchmal erinnern sie an Walgesang. Der *Gruß an die Sonne (Pozdrav suncu)* komplettiert die Installation. Die aus 300 Glasplättchen bestehende Scheibe unweit der Orgel speichert in ihren Solarzellen tagsüber Sonnenenergie und gibt einen Teil nachts in Form bunter Lichtsignale wieder ab, die man durch das Betreten der Schei-

REGION ZADAR

Vor der Kirche Sv. Donat sind noch Reste des Römischen Forums erkennbar

be auslöst. Ein Großteil des Stroms fließt in die Uferbeleuchtung.

ESSEN & TRINKEN

PET BUNARA
Das Restaurant in der Nähe des Brunnenplatzes überzeugt mit romantischer Atmosphäre und kreativen, dalmatinischen Gerichten, so etwa Ravioli mit Scampi und auch die lokaltypische Feigensauce *šinjorina smokva* kannst du hier kosten. *Ulica Stratico | Tel. 023 22 40 10 | petbunara. com | €€€*

BARBAKAN
In Zadars ehemaliger Zitadelle bekommst du ☻ preiswertes Essen (Selbstbedienung) und ein etwas anderes Ambiente. *Ruđera Boškovića 5 | Tel. 023 30 09 70 | €*

MALO MISTO
Ein typisch dalmatinisches Restaurant mit großem Speisenangebot und herzlichem Service. Auch Einheimische essen hier gerne. *Jurja Dalmatinca 3 | Tel. 023 30 18 31 | malo-misto. com | €€*

HARBOR
Alte Bootsteile, dunkles Holz und Metallgitter verleihen dem Restaurant einen rustikal-industriellen Touch. Sowohl edle Fischspeisen als auch Burger und Spare Ribs – und das direkt am Wasser mit Blick auf die Altstadt. *Obala kneza Branimira 6A | Tel. 023 30 15 20 | harbor.hr | €€*

ZADAR

The Garden: erst Sonnenuntergang, dann Sternenhimmel schauen

SHOPPEN

MARKT (TRŽNICA)
Der lebhafte Markt erstreckt sich mit Obst- und Gemüseständen zwischen Stadtmauer und Narodni trg. In der *Fischmarkthalle* nebenan auf der Hafenseite wird der Fang des Tages angeboten. Feilschen erlaubt. *Tgl. 6–15 Uhr*

SUPERNOVA CENTAR 🏖
Von Calzedonia bis Zara lassen viele internationale und einige kroatische Filialisten in diesem Einkaufszentrum die Herzen von Modefans höherschlagen. *Tgl. 9–21 Uhr | Akcije Maslenica 1*

SPORT & SPASS

ADVENTURE PARK
Ein anspruchsvoller Hochseilgarten im Fichtenwald, Minigolf, Flying Fox, Wasserball und Riesentrampoline bringen Spaß für Groß und Klein. *Tgl. 10–18 Uhr | an der Straße nach Petrčane | Kožinska cesta 108 | ab 100 Kuna | adventure-park.hr*

STRÄNDE

Abkühlung in Zentrumsnähe bietet der südliche Strand *Kolovare*. Von Pinien eingerahmte Strände und Buchten finden sich nördlich von Stadt und Marina auf der Halbinsel *Borik*.

AUSGEHEN & FEIERN

Im Stadtteil 🚩 *Varoš* ist immer etwas los, etwa in der beliebten *Caffe Galerija Đina (Varoška 2)* oder wenige Schritte weiter bei *Toni (Mihe Klaića 6)*. Reichen die Stühle nicht, stellt man die Bänke aus der Kirche Sv. Mihovil in die Gasse.

LEDANA
DJs unter Bäumen: Der Park in der Altstadt ist die angesagteste Open-Air-

REGION ZADAR

Bar der Stadt. Hier werden Zadars wilde Nächte durchgefeiert. *Perivoj kraljice Jelene Madijevke | ledana.hr*

THE GARDEN
Legendäre Lounge-Bar mit minimalistischem Design, internationalen DJs und leckeren Craft-Bieren. Dazu ein kulinarisches Angebot, das im traditionsbewussten Dalmatien wie eine Fata Morgana erscheint: vegane Rohkost. *Tgl. 10.30–1.30 Uhr | Bedemi zadarskih pobuna | thegarden.hr/the-garden-lounge*

RUND UM ZADAR

1 ESELFARM DAR MAR
10 km von Zadar / 15 Min. (Auto)
Traktoren haben sie inzwischen vom Arbeitsmarkt verdrängt, Esel sind heute nicht mehr die wichtigsten Helfer in Weinbergen und Olivenhainen, doch auf jeden Fall sind sie niedlich. Auf dieser Farm kannst du die Esel streicheln und ihre gesunde Milch kaufen. Bei der Anfahrt auf das Gerüst mit einem Eselskopf achten, lässt sich nicht verfehlen. *Poljica 2A | Žerava | Tel. 023 39 01 23 | E3*

INSIDER-TIPP
Zu Besuch bei Dalmatiens Symboltier

2 NIN
13 km von Zadar / 15 Min. (Auto)
Das nordwestlich gelegene Städtchen (1500 Ew.) hat Wurzeln in vorrömischer Zeit. Die Siedlung auf einer durch zwei Brücken mit dem Festland verbundenen Insel war religiöses Zentrum des kroatischen Königreichs. Hauptsehenswürdigkeit ist neben dem *Stadttor* und *Resten der Umfassungsmauer* (15. Jh.) die Kirche *Sv. Križ*, ein hervorragendes Beispiel frühchristlicher Baukunst aus dem 9. Jh. und Krönungsort von sieben kroatischen Königen. Mit Blick auf die Kirche sitzen Gäste des *Aenona (Ulica Petra Zoranića 2 | Tel. 023 26 50 04 | €)* im schattigen Garten direkt gegenüber und wählen aus Pizza, Fisch oder Grillgerichten.

Besonders stolz ist Nin auf das „weiße Gold". Mit dem Salz, das in der umgebenden Lagunenlandschaft gewonnen wurde, bezahlten schon die Römer ihre Soldaten. Bis heute wird Salz in der *Solana Nin* mit traditionellen Methoden und ohne Zusatzstoffe gewonnen. Ein kleines *Museum (Mo–Fr 8–20, Sa/So 9–20 Uhr | 35 Kuna | Ilirska cesta 7 | solananin.hr | 30 Min)*

RUND UM ZADAR

beleuchtet die 1500 Jahre alte Geschichte, Touren führen vorbei an Becken und Überresten aus römischer Zeit. Im Museumsshop gibt es mit Salz versehene, zum Teil mit Rosmarin oder Lavendel aromatisierte Delikatessen und Kosmetika zu kaufen. Probier auf jeden Fall die mit Salzschokolade überzogenen Orangenschalen *Arancini*.

INSIDER-TIPP: Süß-salzig bitte

Die Sandlagune um Nin ist ein optimales Revier für Surfer. Bei *Surfmania Surf & Fly Center (Mitte April–Okt. | Ždrijac | Tel. 098 9 12 98 18 | surfmania.hr)* bekommt man Surf- wie auch Kitesurf-Ausrüstung geliehen oder kann die Grundtechniken in Kursen erlernen. Auch Stand-up-Paddeln ist im Programm. Die flach abfallenden *Sandstrände an der Lagune von Nin* sind ideal für Kleinkinder. Nicht wundern, wenn dir hier am „Strand der Königin" (*Kraljičina plaža*) schwarz verkrustete Menschen begegnen: Mit dem Heilschlamm aus Nins Sandlagunen haben sich schon die gesundheitsbewussten alten Römer eingerieben. *E3*

3 ZATON

15 km von Zadar / 15 Min. (Auto)

Die nur zwei Kilometer von Nin entfernte, ebenfalls historische Siedlung steht heute im Zeichen von Strandleben. Der *Strand von Zaton* fällt ebenfalls flach ab, ist kiesig oder sandig und Kinder können hier Sand schaufeln, Burgen bauen und im seichten Wasser planschen – geht sonst nur an wenigen weiteren Stellen in Dalmatien.

Nur die auf einem Hügel erbaute, altkroatische Kirche *Sv. Nikolas* (11. Jh.) erinnert an die frühere Bedeutung Zatons, das Nins Ausfuhrhafen war. *E3*

4 PAKLENICA ★

45 km von Zadar / 45 Min. (Auto)

Der Nationalpark am Velebit-Gebirge ist ein wahrer Pilgerort für Kletterer und Wanderer. Herzstück sind die beiden Schluchten Mala (kleine) und Velika (große) Paklenica, die Wildbäche in das Karstgestein des Velebit-Gebirges gegraben haben. Profi-Kletterer reizt die Challenge der 400 m hohen Felswand Anića kuk. Die Routen variieren von Grad 3 bis 8b+. Anfänger und Eltern mit kleinen Kindern finden im Abschnitt *klanci* einfache Kletterrouten – ein Helm sollte Pflicht sein!

Außer sportlich und schnaufend gibt es daneben auch die Möglichkeit, den Nationalpark auf einer Fotosafari zu durchstreifen. Dabei düst du mit dem Jeep durch die Gebirgslandschaft, legst Fotostopps an den malerischen Winnetou-Drehorten ein und entdeckst mit etwas Glück sogar wilde Pferde. Spaßig für Große wie Kleine. Tagesausflüge organisiert u. a. die *Hotel & Travel Agency Rajna (490 Kuna (ab vier Personen, sonst 20 Prozent teurer) für eine geführte Tagestour, inkl. Eintritt und Verpflegung | Franje Tuđmana 105 | Starigrad-Paklenica | Tel. 098 27 28 78 | hotel-rajna.com/english/fotosafari)*.

INSIDER-TIPP: Durch den Wilden Westen

Eintritt Juni–Sept. 60 Kuna | März/Mai und Okt. 40 Kuna | Jan./Feb. 20 Kuna |

REGION ZADAR

Da hat die Sonne noch einiges zu tun, bis das Salz ernteif ist: Becken bei Nin

Tel. 023 36 91 55 | np-paklenica.hr | ▥ E–F3

5 PLITVICER SEEN ★
130 km von Zadar / 1 Std. 45 Min. (Auto)
Zwischen dicht bewaldeten Bergen versteckt sich ein Tal, das dich an Feen und Goldtöpfe am Ende des Regenbogens glauben lassen wird: Sechzehn leuchtende Seen fließen kaskadenartig in Wasserfällen ineinander – die schöne Landschaft braucht keinen Filter. Das höchste der Highlights ist ein Wasserfall, der 76 m tief in das beinahe surreal türkisfarbene Wasser stürzt. Kroatiens ältester und berühmtester Nationalpark wurde auch von der Unesco gewürdigt. Sehr beliebtes Ziel, im Hochsommer kann es zu Wartezeiten kommen. *Frühjahr/Herbst tgl. 8–18, Sommer tgl. 7–20, Winter tgl. 9–16 Uhr | Juli/Aug. bis 16 Uhr 250 Kuna, nach 16 Uhr und April/Juni und Sept./Okt. 150 Kuna | Jan./März und Nov./Dez. 55 Kuna | np-plitvicka-jezera.hr |* ▥ F1

6 IŽ
1,5 Std. von Zadar (Katamaran)
Die zwischen Ugljan und Dugi otok gelegene, mit Macchia und Olivenhainen bewachsene Insel (rund 600 Ew.) ist wegen ihres Volksfests Iški kralj (Ende Juli/Anfang Aug.) bekannt, bei dem jährlich ein Inselkönig gewählt wird. Töpfern hat seit Jahrhunderten Tradition im Örtchen *Veli Iž*, schöne Stücke sind im *Ethnografischen Museum (Juli/Aug. tgl. 10–12, 19–21 Uhr |* ⏱ *30 Min.)* zu besichtigen. ▥ E3

Von Prekos Strand können Geübte bis hinüber zur Galovac-Insel schwimmen

7 SILBA

1,5 Std. von Zadar (Katamaran), 4 Std. (Fähre)

Idyllische Kiesbuchten liegen um die 15 km² große autofreie Insel (300 Ew.); der Hauptstrand *Sotorišće* im Ort Silba hat sogar feinsandigen Untergrund. Unübersehbar ist der 30 m hohe „Liebesturm" (Toretta), den ein Kapitän im 17. Jh. errichten ließ, damit seine Liebste nach ihm auf See Ausschau halten konnte. Einen Blick wert ist auch der zeitgenössische *Skulpturengarten (Eintritt ist eine symbolische Geldspende von 5–10 Kuna)* der Künstlerin Marija Ujević-Galetović.

Eine weitere Sehenswürdigkeit liegt unter Wasser in der Pocukmarak-Bucht: Einen frühchristlichen Sarkophag und zwei Steindeckel, die späteren Generationen als Baumaterial für ein Pier dienten, haben Archäologen für ein *Unterwassermuseum* freigelegt. Tauchausrüstung ist nicht nötig – Maske und Flossen genügen. Unterkunft nur in Privatzimmern oder Apartments. *D2*

UGLJAN UND PAŠMAN

D–E 3–4 **Die beiden mit üppigem Grün bestandenen Schwesterinseln lassen sich am besten auf Panoramawanderwegen oder mit dem Rad erkunden. In den abgeschiedenen Klöstern und Fischerdörfern kannst du die Ruhe auf dich wirken lassen.**

Erst seit 1883 sind Ugljan und Pašman durch eine Wasserstraße getrennt. Damals wurde eine Landenge durchstochen, um Schiffen auf der Strecke von Zadar nach Dugi otok einen kürzeren Fahrweg zu öffnen. Seit den 1970er-Jahren verbindet eine Brücke die Inseln, die ein beliebtes Wochenendziel sind – viele Zadarer besitzen hier Ferienhäuschen. Unterkunft findet man vor allem in privat vermieteten Zimmern und Apartments.

REGION ZADAR

ZIELE AUF UGLJAN

Der Olivenanbau hat auf *Ugljan (7500 Ew., 51 km²)* seit der Zeit der Römer Tradition. Die im Spätherbst und Winter gepflückten Oliven sind Grundlage eines der besten Öle Kroatiens. Ein paar historische Steinhäuser und eine hübsche Uferpromenade sind die Highlights des Örtchens *Preko*, wo die Fähren von Zadar anlegen. Neben dem sandigen Hauptstrand *Mostir* im Zentrum locken weitere Buchten an der Promenade zum Baden. In mehreren Konobas, so der *Konoba Barbara (Put Jerolimovih 4 | Tel. 023 28 61 29 | €€)* nahe des Fährhafens, bekommst du frischen, gegrillten Fisch. Ein Abstecher führt bergauf zur Ruine der venezianischen *Festung Sv. Mihovil* (13. Jh.) mit fantastischer Aussicht über das Zadarer Archipel. Zu Fuß brauchst du etwa eineinhalb Stunden, unter dem Gipfel liegt allerdings auch ein Autoparkplatz.

Im Franziskanerkloster auf dem vorgelagerten Inselchen *Galovac* sind Besucher willkommen; ein Boot setzt sie vom Pier unweit der *Tourist-Info (Magazin 8)* über *(5 Kuna)*. Die Nachbarorte sind bequem per Rad zu erkunden. Fahrräder verleiht die Agentur *Nav Travel (Magazin 5 | Tel. 023 31 64 35 | navadriatic.com)*, ein Mountainbike kostet 100 Kuna/Tag. Im Nachbarort *Kali* bietet der 🍴 Schnellimbiss *Srdela Snack (Zadarska ulica)* der Fischereikooperation von Kali frische und günstige Sardinen und Anchovis vom Grill.

Eines der Radelziele könnte der Hauptort *Ugljan* auf einer Halbinsel 10 km nördlich sein mit einem sehr flach abfallenden Sandstrand. Zwischen die Pinien dieser Halbinsel wurde im 15. Jh. ein Kloster gepflanzt, das den dalmatinischen Schutzheiligen Hieronymus (Jeronim) ehrt. Dieser entschuldigte sein aufbrausendes Temperament nicht selten mit dem Spruch: „Vergib mir, Herr, weil ich Dalmatiner bin". Nimm daher den Einheimischen ihren leidenschaftlichen Charakter nicht übel – sie können nichts dafür. Noch 2 km weiter im Norden triffst du unweit von *Muline* auf den sandigen Robinsonstrand *Luka*, wo Felsbrocken im Wasser von Kindern gerne als Spielplatz genutzt werden (es gibt einen Weg vom Parkplatz in Muline) und wenn du Glück hast auf mehrere *römische Ausgrabungsstätten*, die frei zugänglich, aber schwer zu finden sind.

> **INSIDER-TIPP**
> Lauschige Sandbucht unter Pinien

Von Preko 8 km in Richtung Süden führt die Straße durch Pinienwälder und Olivenhaine nach *Kukljica*. Empfehlenswert ist die *Konoba Stari Mlin (Tel. 023 37 33 04 | €€)*, deren Speisekarte hauptsächlich Fisch und Fleisch vom Grill umfasst. Rund 20 Min. Fußweg vom Ort entfernt verbergen sich zwischen Pinienwäldern an der Südwestküste der Sand-Kies-Strand *Sabuša* und wenige Meter weiter die FKK-Bucht *Jelenica*.

ZIELE AUF PAŠMAN

Olivenhaine und Weingärten prägen auch *Pašman (3500 Ew., 57 km²)*. Ein schöner Spazierweg führt außerhalb des Inselhauptorts *Tkon* die rund 50 Höhenmeter auf den Hügel *Ćokovac* zum Kloster 🛈 *Sv. Kuzma i Damjan (Juni–Sept. Mo–Sa 16–18 Uhr)* hinauf. Kurios: In der Kirche ragt ein Kerzenhalter in Form eines menschlichen Arms aus der Wand.

In *Mrljane*, 8 km nach Norden, ist der Sand-Kies-Strand so flach, dass man weit hinauswaten muss, um schwimmen zu können. Mountainbiker führt ein holpriger, aber aussichtsreicher, knapp 50 km langer Track rund um die Insel (Karte bei der Tourist-Info am Hafen in Tkon erhältlich). Wer danach hungrig ist – auf der luftigen Terrasse des Restaurants *Lanterna (Pašman | Tel. 023 26 01 79 | lanterna.hr | €€)* wird fangfrischer Fisch in allen Variationen serviert.

Nur ca. 2400 Menschen leben auf der Insel, touristische Infrastruktur findet man im Süden im Inselhauptort *Sali* (750 Ew.) und in *Božava* (160 Ew.) im Nordwesten.

Mountainbiker belohnt die teils etwas steil ansteigende 🚩 *Panoramastraße*, die sich von Nord nach Süd über Dugi otok zieht, mit wunderschönen Ausblicken auf Inseln und Meer. Eine Radkarte ist bei der Tourist-Info in Sali erhältlich. Fahrräder verleiht die *Gelateria Conteš (Porat 1 | Tel. 098 33 11 84 | contes.hr)* in Sali *(Mountainbike ca. 200 Kuna/Tag, eine Dependance ist in Božava)*. Routen für Kletterer sind im *Stara kava* eingerichtet, einem aufgelassenen Steinbruch zwischen den Orten Luka und Savar in der Inselmitte.

DUGI OTOK

📖 *D-E 3-4* **Türkisblaue glasklare Strände, steile Klippen und menschenleere Buchten machen den Suchtfaktor der „Langen Insel" aus. Die beste Adresse für Sport und Erholung.**

Im Norden grün, mit Olivenhainen und kleinen Wäldchen bewachsen, verändert die Insel ihr Aussehen, je weiter man auf der einzigen Straße nach Süden kommt, um schließlich im verkarsteten *Telašćica-Naturpark* auszulaufen. Hier an der Südspitze mit dem Boot in den Naturhafen der Telašćica-Bucht einfahrend, ergibt sich ein grandioser Blick auf die steil abfallenden, zerklüfteten Felswände.

REGION ZADAR

ZIELE AUF DUGI OTOK

8 BOŽAVA

Die Häuserkulisse um die tief eingeschnittene, geschützte Bucht von *Božava* (160 Ew.) ist nicht gerade malerisch, doch für Ausflüge zu den versteckten Felsbuchten und zum 3 km entfernten, berühmten Sandstrand *Sakarun* bietet sich die Siedlung als guter Standort an. Nicht weit ist es auch zur Nordwestspitze, zum *Leuchtturm Veli rat*, der sein Leuchtfeuer seit 1849 über die Adria schickt und dessen mehr als 200 Stufen man nach Absprache mit dem Wärter erklimmen darf. Tauchexkursionen unternimmt z. B. die Tauchschule *Božava (Tel. 023 31 88 91 | bozava.de)*, in der man auch Deutsch spricht.

Unter den wenigen Restaurants im Norden lohnt das Bistro *Gorgonia (Verunić | Tel. 091 7 37 98 23 | gorgonia.hr | auch Apartments | €€)* die 5 km lange Fahrt ab Božava, denn hier sitzt du direkt am Meer während dein Fisch (auch Fleisch) frisch zubereitet wird. D3

9 SALI

Der kleine Ort (ca. 750 Ew.) an der Südostküste empfängt seine Besucher mit dem Anblick pastellfarbener Fassaden rund um die schmale Hafenbucht. Seit über 1000 Jahren sind hier Fischer ansässig. Im einzigen Hotel, dem *Sali (48 Zi. | Tel. 023 37 70 49 | hotel-sali.hr | €€)* an der Bucht Saščica, profitieren Gäste von einem hübschen Kiesstrand und zahlreichen Sport-

Dramatisches Ende: der spektakuläre Klippenrand an Dugi otoks Südspitze

DUGI OTOK

Telašćica-Bucht: genug gesegelt, ab ins Segeltuch

möglichkeiten. Das Restaurant *Špageritimo (Tel. 023 37 72 27 | €€€)* hat sich mit kreativer Fischküche einen Namen gemacht. *E4*

10 TELAŠĆICA-NATURPARK

Knapp 9 km südlich von Sali beginnt der *Park (telascica.hr)*, der die tiefe Telašćica-Bucht, ihre 13 vorgelagerten Felsinselchen und den Klippenwall umfasst, mit dem sich Dugi otok hier an der Südwestküste über der Adria erhebt. Zahllose Boote ankern in dem windgeschützten Gewässer. Am Gebäude der Parkverwaltung ist Eintritt zu bezahlen *(40 Kuna)*; von hier geht es nur zu Fuß (oder per Boot) rund 2 km weiter zum *Salzsee Mir*, der mit deutlich höherer Temperatur als das Meer zum Baden einlädt. Neben Besuchern treiben sich hier auch Einheimische herum, die sich lautstark bemerkbar machen – die Rede ist von wilden Eseln. Sie sind gar nicht scheu, also halte deine Badetasche lieber von ihren hungrigen Mäulern fern.

INSIDER-TIPP: An der Klippe stehen

Ein spektakulärer Blick erwartet dich am Ende des rund zehnminütigen Aufstiegs vom Naturparkhaus auf den Klippenrand der Westküste: Die Felsen am *Kliff Grpašćak* fallen über 160 m tief nahezu senkrecht ins Meer. Zwischen April und Oktober öffnet Goran seine Konoba *Go Ro (Tel. 098 85 34 43 | €€€)* an der Bucht. Der Fisch ist selbst oder von Kumpels gefangen und das Gemüse stammt aus dem Garten. *E4*

REGION ZADAR

BIOGRAD NA MORU

📖 E4 **Im Sommer ist in der Stadt (6000 Ew.) mit ihren beiden Marinas jede Menge los. Ein Grund: Von hier legen die Fährschiffe nach Pašman ab und Boote starten zu Touren in den Kornati-Archipel.**

Strände und Camping- und Hotelanlagen findest du entlang der gesamten *Biograder Riviera*, neben Biograd na Moru sind auch die Nachbarorte *Sv. Filip i Jakov* und *Pakoštane* beliebte Badeorte. In Biograd ziehen schöne Buchten, Kiefernwälder und die Promenade Urlauber an. Sehenswürdigkeiten gibt es keine in der Stadt, die im 11. Jh. Sitz der kroatischen Könige war: bis auf das Museum und die kleine Altstadt rund um die Kirche Sv. Stošije (18. Jh.).

SIGHTSEEING

STADTMUSEUM 🎏

Schau doch an einem Regentag mal vorbei: Kernstück der Sammlung ist die Fracht eines im 16. Jh. vor Pašman gesunkenen venezianischen Schiffes. *Mo–Fr 8–14, 16–20, Sa 9–12 Uhr | 20 Kuna | Kralja Petra Krešimira IV 20 | muzej-biograd.com | ⏱1 h*

ESSEN & TRINKEN

CARPYMORE

Der Favorit an der Promenade bietet mediterrane und italienische Küche. Auch Zimmer mit Frühstück *(€€)*. *Kralja Tvrtka 10 | Tel. 023 38 61 19 | carpymore.hr | €€–€€€*

CASA VECCHIA

In diesem versteckten Innenhof in der Altstadt kannst du dir Pizza und Pasta unter Bäumen schmecken lassen. *Kralja Kolomana 30 | Tel. 023 38 32 20 | €€*

FAST FOOD NICO

Schnell zubereitet, preiswert und lecker sind die getoasteten Sandwiches und Burger von Nico. Gibt es auch nachts. *Tgl. 9–0 Uhr | Trg Kralja Tomislava 6 | €*

SPORT & SPASS

Von Wasserparks mit aufblasbaren Modulen über Parasailing bis Jetski kannst du hier verschiedenste Aktivitäten ausprobieren. Die Tauchschule *Albamaris (am Strand Dražica | albamaris.hr)* unternimmt mit ihren Schülern auch Ausflüge in den Kornati-Nationalpark u. a. zu einem Schiffswrack und anderen Zielen.

STRÄNDE

Dank Feinkies, einem Salzwasserpool und Rutschen ist der sanft ins Meer abfallende Hauptstrand *Dražica* vor allem bei Familien beliebt. Wer nicht auf Sandburgenbauen verzichten will, wird am schattigen Strand *Soline* oder an den Sand- und Feinkiesstränden im Nachbarort *Sv. Filip i Jakov* sein Glück finden. Ebenfalls sandig und traumhaft schön ist die südlich gelegene Bucht *Crvena Luka*. Zufahrt nur über einen kostenpflichtigen Parkplatz. Leider wird bei viel Andrang der Zugang gesperrt.

AUSGEHEN & FEIERN

An der Riva schüttelt abends eine Bar neben der anderen Cocktails. Am Sandstrand *Soline* herrscht Clubstimmung. Konzerte kroatischer Popstars und Folkloreabende gibt's regelmäßig – Events auf biogradnamoru.hr.

LAVENDER BED BAR
Loungen mit Cocktails auf bequemen Liegen. Die in Lila gehaltene Bar des Hotels Adriatic ist der Hotspot in Biograd. *Tgl. bis 1 Uhr | Tina Ujevića 7*

RUND UM BIOGRAD NA MORU

11 KORNATI-ARCHIPEL ★
Die 148 Inseln und Felsbuckel des Kornati-Archipels sprenkeln vor der Küste zwischen Biograd na Moru und der Insel Murter das Meer. Die wahre Schönheit erschließt sich nur Nautikern (Einfahrtberechtigung in den Nationalpark ab 300 Kuna/Tag), die mit ihren Booten die Inseln umrunden. Die Kornati gelten als Paradies für Taucher – erlaubt ist es allerdings nur in organisierten Gruppen. Auf der Insel Ravni Žakan z. B. bewirtet die *Konoba Žakan (Tel. 091 3 77 60 15 | €€€)* ihre Gäste mit frisch gefangenem Fisch. Wenn du in der *Konoba Levrnaka (Tel. 091 4 35 37 77 | €€)* auf der gleichnamigen Insel Mittagspause machst, kannst du anschließend am einzigen Sandstrand der Kornaten ins glasklare Meer hüpfen. Die Inseln kannst du auch mit Kajak, Mountainbike oder schnorchelnd erkunden. Besondere Erlebnisse sind Kajaktouren kombiniert mit Yogastunden, Imkerkursen oder Delphinbeobachtungen, organisiert von der Agentur *Malik Adventures (Tel. 091 7 84 75 47 | malikadventures.com).*

INSIDER-TIPP
Honigsüße Inseltouren

Schiffe für Ganztagesausflüge in den Nationalpark liegen in fast allen Küstenorten vor Anker. Tipp: Mit der Fähre durch die Inselwelt zu tuckern ist zwar günstiger, viel gemütlicher ist aber eine Tour mit einem kleineren Schiff. Getränke und Mittagessen sind meistens inklusive – jetzt gilt es nur noch, es dir nicht von Möwen klauen zu lassen.

12 FUN PARK BIOGRAD
5 km von Biograd na Moru / 10 Min. (Auto)
Wilder Westen, Piratenstadt und Weltall: Im 2017 eröffneten Vergnügungspark (dem ersten in Kroatien!) warten waghalsige Abenteuer. Der Mut, in die Achterbahn einzusteigen, wird mit Meerblick von ganz oben belohnt. Erhol dich vom rauen Seeleben im Restaurant *Fat Pirate Cave*. *Sommer tgl. 15–23 Uhr | für beliebige Anzahl an Fahrten: Hauptsaison 190 Kuna, Familientickets ab 450 Kuna, Fahrten einzeln zu zahlen ist oft günstiger | Jankolovački put 9 | funparkbiograd.com | ⌘ E4*

REGION ZADAR

13 PAKOŠTANE
6 km von Biograd na Moru / 10 Min. (Auto)

Davor die Adria, dahinter ein Süßwassersee: das Städtchen *Pakoštane* (2000 Ew.) zwischen zwei Naturwelten erkundest du am besten mit einem Bummel durch die Gassen. Dann ist noch etwas vom Flair des ehemaligen Fischerdorfs spürbar, dessen fromme Bewohner den drei vorgelagerten Inselchen die Namen Glaube, Liebe und Hoffnung gaben. Mit den flach abfallenden Sand-Kies-Stränden wie *Punta* und *Janice* ist Pakoštane ein beliebtes Badeziel für Familien. Windsurfen, Kajakfahren oder Touren mit dem Katamaran organisiert *Galeb Aventures (Obala Krešimira 72 | Tel. 091 5 42 39 02 | galebaventures.com)*. Hier kannst du ein Zodiac-Schlauchboot mieten und damit den Kornati-Archipel erkunden. Abseits des Rummels speist du im Innenhof der *Konoba Pakoštanac (Kraljice Jelene 23 | Tel. 023 38 24 73 | €)* unter Olivenbäumen deftig Gewürztes vom Grill.

14 VRANA-SEE
10 km von Biograd na Moru / 15 Min. (Auto)

Am *Vransko jezero* kannst du im Reservat am Nordende des Naturparks (Eintritt 20 Kuna) nicht nur die namengebenden Krähen *(vrana* = kroat. Krähe*)* beobachten, sondern auch Silber- und Purpurreiher, Merline und Rohrweihen. Ein rund 40 km langer Radweg *(Verleih bei der Naturparkverwaltung in Prosika, 20 Kuna/Stunde)* umrundet den See und passiert auch den Ort *Vrana*, wo die Ruine einer Festung aus dem 11. Jh.

Die Nächste, bitte: auf Inselerkundung im Kornati Archipel

ŠIBENIK

Hier eine Treppe hinauf oder dort: als Belohnung warten immer neue Altstadtansichten

und die osmanische Karawanserei *Maškovica Han (maskovicahan.hr)* (erbaut 1644/45) an kriegerische Zeiten erinnern. Mit Unterkunft, Restaurant und kleinem Museum. Vom 250 m hoch gelegenen Aussichtspunkt *Kamenjak* hast du einen herrlichen Blick über See, Küstenlinie und die Inseln. Genieß den Farbsprung vom türkis-grünen See zum tiefblauen Meer beim Picknicken – Bänke sind schon da! *F4*

INSIDER-TIPP Fotoreifes Picknick

15 MURTER
40 km von Biograd na Moru / 40 Min. (Auto)
Die meisten Kornati-Ausflüge starten von der mit dem Auto erreichbaren Insel *Murter* im gleichnamigen Hauptort (2000 Ew.). Der Sandstrand Slanica führt flach abfallend ins Meer. Pack deinen Schnorchel aus und entdecke ein Stückchen römische Geschichte – die Ruinen der Stadt *Colentum (Put Gradine)* sind teils am Strand, teils unter den Wellen versunken. Als Stärkung nach der archäologischen Forschungsarbeit probiere dann die Pizzaspezialität *bubbizza* bei *Zameo ih vjetar (Hrvatskih vladara 5 | Tel. 022 43 44 75 | €€) | F4*

ŠIBENIK

F–G4 **Zwar ist die Peripherie ein bisschen trist, aber die verwinkelte Altstadt der drittgrößten Hafenstadt Dalmatiens (47 000 Ew.) trumpft mit einer Unesco-Kathed-**

rale und Renaissancepalästen auf und ist eine Bühne für junge Musiker. Im Sommer drängen sich die Festivaltermine. Ob Jazz *(OFF Jazz & Blues Festival)*, Alternative Music *(Regius)* oder Bass *(Membrain)* – informier dich im Urlaub unbedingt, welche Konzerte gerade anstehen.

Auf einer Terrasse oberhalb der Uferpromenade errichtet, beherrscht die zum Unesco-Welterbe zählende *Kathedrale Sv. Jakov* mit ihrer marmorweißen Kuppel das Stadtbild. Im Gewirr der Gassen drum herum bis hinauf zur Ruine der Festung *Sv. Mihovil* (13.–18. Jh.) erinnern prunkvolle Palazzi an die lange Geschichte Šibeniks, das im 11. Jh. von kroatischen Königen an der Mündung der Krka ins Meer gegründet wurde.

Šibenik ist ein idealer Ausgangspunkt für Touren durch das vorgelagerte Šibenik-Archipel mit den Hauptinseln *Krapanj* und *Prvić* sowie in die Inselwelt des *Kornati-Archipels*. Im Hinterland verbinden Wander- und Wasserwege die Kaskaden des Flüsschens Krka im gleichnamigen Nationalpark.

SIGHTSEEING

ALTSTADT

Zentrale Ader ist die *Ulica kralja Tomislava*, von der Treppen abzweigen. Die Straße mündet in den *Trg Republike Hrvatske (Platz der Republik Kroatien)* mit dem einzigartigen Bauensemble aus *Kathedrale*, der aus dem 16. Jh. stammenden *Loggia* mit weiten Arkadenbögen und dem angrenzenden *Rathaus (Gradska vijećnica)*. Im *Rektorenpalast (Kneževa palača)* aus dem 15. Jh., in dem zu Beginn der venezianischen Herrschaft die neuen Fürsten wohnten, präsentiert das *Stadtmuseum (Mo–Fr 8–20, Sa/So 10–20 Uhr | 30 Kuna | Gradska vrata 3 | muzej-sibenik.hr | ⊙ 1 Std.)* eine modern konzipierte Ausstellung. Auf dem Platz erinnert das *Dalmatinac-Denkmal* an den Kathedralenerbauer. Am *Trg 4 Bunara* nebenan weisen vier Brunnen aus dem 15. Jh. auf die Zisterne hin, in der Wasser für Trockenzeiten und Belagerungen gespeichert wurde. Eine versteckte Oase in der Altstadt ist der einladende mittelalterliche *Garten* des Franziskanerklosters *Sv. Lovre (Kačićeva 11 | freier Eintritt)*. Dass die Stadt ein Herz für Tiere hat, zeigt sich an den kleinsten Sehenswürdigkeiten in der *Ulica kralja Tomislava*: Steinerne Wassertröge erleichtern Hunden und Katzen seit dem 16. Jh. die Sommer.

KATHEDRALE SV. JAKOV ★

Baumeister Juraj Dalmatinac arbeitete ab 1441 an diesem Gotteshaus und machte es zu seinem Meisterwerk. Den gotischen Grundbau, den er vorfand, erweiterte er mit Querschiff und Vierungskuppel zu einem ausschließlich aus Stein erbauten, lichten Werk der Renaissance und bewies damit eine technische Meisterleistung. Beispielhaft ist dies im Baptisterium zu bewundern – die Kuppel besteht aus neun ineinandergefügten, mit Reliefs geschmückten Steinplatten. Dass Dalmatinac Sinn für originelle Details hatte, beweisen die 74 Porträtköpfe, mit denen er prominente Bürger der Stadt verewigte. Sein Schüler Nikola Fiorentinac führte das Projekt weiter, die Kathedrale wurde erst 1535 fertig. *Tgl., Sommer 8.30–20, Winter 8.30–12, 16–20 Uhr | 15 Kuna | ⏱ 30 Min.*

ESSEN & TRINKEN

In der Altstadt reihen sich Kneipen und Cafés aneinander.

PELEGRINI
Der Titelverteidiger unter den besten Restaurants Dalmatiens ist ungeschlagen: traditionelle Küche mit kreativem Touch. Der Ausblick auf Meer und Kathedrale bringt Extrapunkte. *Mo geschl. | Jurja Dalmatinca 1 | Tel. 022 21 37 01 | €€€*

GRADSKA VIJEĆNICA
Allein des Blicks auf die Kathedrale wegen solltest du hier zumindest einen Aperitif bestellen. Auch ein Abendessen unter den Renaissance-arkaden ist romantisch – und die Küche sehr gut! *Trg Republike Hrvatske 3 | Tel. 022 21 36 05 | €€*

VINO I INO
Weinbar, in der verschiedene kalte Vorspeisen und leckere Snacks serviert werden. *Fausta Vrančića | Tel. 091 2 50 60 22 | €€*

LUCE & BRIGITA
Günstiges und gutes Fischbistro im Zentrum. *Uskočka 13 | Tel. 091 2 12 58 19 | €*

SHE
Das Biobistro wirbt, damit nachhaltige Speisen für die Seele zu servieren. Viele vegane Optionen! *Zlarinski prolaz 2 | Tel. 022 21 59 57 | shebenik.com | €€*

SHOPPEN

GALERIJA JURAJ DALMATINAC
An den steinernen Wänden der Galerie hängt eine bunte Mischung erstklassiger – oft vergünstigter – Kunstwerke sowie Mode und Schmuck. *Don Krste Stošića 14 | galerijajurajdalmatinac.com*

OGGI BIJOUX
Martina Morić kombiniert für ihre Stücke Leder mit Swarovski-Kristallen, Plastikbändchen mit Muranoglas und sie liebt Farben – ihr Modeschmuck ist hip und mediterran. *Branitelja Domovinskog rata 2d | oggibijoux.com*

SPORT & SPASS

NEXTBIKE ŠIBENIK
Ideal für Touren an die Strände. Die Fahrräder und E-Bikes stehen an mehreren Plätzen. Das Mieten kostet 8 Kuna pro Stunde, bei der Registrierung per App oder auf der Website muss ein Mitgliedsbeitrag von 79 Kuna angelegt werden, der aber vollständig abgeradelt werden kann. *nextbike.hr*

AQUAPARK
Wasserabenteuerspielplatz in der Anlage des Resorts Amadria Park 6 km außerhalb. Vor allem die *kiddy world* macht den Kleinsten Freude. *Mitte April–Okt. tgl. 9–20 Uhr (witterungsabhängig) | Eintritt 110 Kuna, Kinder 90–120 cm Größe 80 Kuna | amadriapark.com*

REGION ZADAR

STRÄNDE

Etwa 900 m entfernt hast du vom Strand *Banj* Ausblick auf die Altstadt, empfehlenswerter ist der 6 km entfernte Kiesstrand *Rezalište* in Brodarica.

AUSGEHEN & FEIERN

Checke die aktuellen Festivals und Konzerte hier: *sibenik-tourism.hr/en/town-of-festivals*

AZIMUT

Direkt unterm Brunnenplatz veranstaltet die alternative Kulturszene in der früheren Zisterne unter Ziegelgewölbe Konzerte, Ausstellungen und Theater. *Mo–Fr 9–4, Sa 10–4, So 9–1 Uhr | Obala palih omladinaca 2*

INSIDER-TIPP: Quirlige Bar in Ex-Wasserspeicher

PUBLIC BAR

Hier trifft sich Šibeniks Jugend zum Feiern und Tanzen. *Tgl. bis 4 Uhr | Bana Josipa Jelačića 2 | Facebook: publicbarsibenik*

RUND UM ŠIBENIK

16 FESTUNG SV. NIKOLA

9 km von Šibenik / 15 Min. (Auto)
Die eindrucksvolle Bastion scheint im Meer zu schwimmen, wie sie da am Eingang des Kanals Sv. Ante liegt. Kroatiens jüngste Unesco-Welterbestätte

Ambiente wie Küche top: Restaurant Pelegrini

(2017) wurde im 16. Jh. erbaut, um Šibenik von der Meerseite her zu schützen. Die Festung sowie der Landweg dorthin werden zur Zt. des Redaktionsschlusses saniert, ein Besucherzentrum eingerichtet, die Festung ist aber per Boot zu erreichen. Mit der friedlichen Atmosphäre und dem fotoreifen Ausblick auf Šibenik und Sv. Nikola ist der Spaziergang oder eine Radtour am Kanal entlang hierher schon an sich ein tolles Ziel. Kinder freuen sich über einen Spielplatz, am Strand kannst du dich nach dem schattenlosen Hinweg unter Bäume legen. *F4*

RUND UM ŠIBENIK

Reichlich Wasser macht schön, gilt auch für die Krka-Wasserfälle

🔟 VODICE
13 km von Šibenik / 18 Min. (Auto)
Das Städtchen *Vodice* (6700 Ew.) nördlich von Šibenik gehört dank seiner Kiesstrände, darunter der berühmte „Blaue Strand", *Plava plaža*, zu den beliebtesten Ferienorten an der dalmatinischen Küste und gilt auch unter Partyreisenden als Topdestination. Die Diskothek *Aurora (Juli–Sept. | Kamenar 3 | auroraclub.hr)* macht die Nacht zum Tag, u. a. mit Auftritten kroatischer Stars und DJs. *F4*

🔟 PRVIĆ
13 km von Šibenik / 40 Min. (Personenfähre)
Wird dir der Rummel in Vodice zu viel, mach einen Abstecher auf diese autofreie Insel. Die malerischen Orte *Prvić Luka* und *Šepurine* sind nur einen kurzen Spaziergang voneinander entfernt; dazwischen liegen Kiesstrände an glasklarem Meer. Das *Memorijalni centar Faust Vrančić (Kernöffnungszeiten Mo–Fr 9–16 Uhr, Juli/Aug. Mo–Sa 9–20 Uhr | 30 Kuna | Ulica 1a | Prvić Luka)* zeigt mehr als 50 Holzmodelle des Erfinders, der als erster einen Fallschirm testete – und das schon im 16. Jh. *F4*

🔟 KRKA-WASSERFÄLLE ⭐
13 km von Šibenik / 20 Min. (Auto)
Ein traumhaftes Badeerlebnis unter Wasserfällen erwartet dich im *Nationalpark Krka*, wo der gleichnamige Fluss über moosbewachsene Kaskaden ins Tal fließt. Das kalkhaltige Wasser der Krka hat die Landschaft mit typischen Karstformationen versehen.

REGION ZADAR

Neben der magischen Natur hat Krka auch Kulturschätze zu bieten – eine Klosterinsel mitten im See und ein römisches Amphitheater. Im Hochsommer sind Wartezeiten nicht unwahrscheinlich, aber meist nicht länger als eine halbe Stunde. *Eingang Skradin tgl. 8–18 | Eingang Roški slap tgl. 9–18 Uhr | je nach Saison 110–200 Kuna | Tel. 022 20 17 77 | npkrka.hr |* 🕮 *G4*

20 FALKNERZENTRUM

8 km von Šibenik / 15 Min. (Auto)
Falkner Emilio Menđušić pflegt verletzte Wildvögel und wildert sie wieder aus. Daneben betreibt das Team des Falknerzentrums auch wissenschaftliche Forschungen und pädagogische Programme, z. B. für Schulklassen. Besucher kommen in den Genuss einer 45-minütigen Führung, in der natürlich auch einige Kunststückchen von Adlern, Falken und Bussarden zu sehen sind. Das *Sokolarski centar* liegt am Rand des Dorfs Dubrava. *Sommer tgl. 9–19 Uhr | Eintritt 50 Kuna, Kinder 40 Kuna | Škugori | Dubrava kod Šibenika | Tel. 091 506 76 10 |* ⏱ *1,5 h |* 🕮 *G4*

21 BRODARICA

11 km von Šibenik / 15 Min. (Auto)
Trotz all der Hotels und Restaurants ist *Brodarica* (2500 Ew.) noch ein ruhiger Ferienort. Das vor allem wegen seiner Fischgerichte beliebte Ausflugsrestaurant Zlatna Ribica *(Krapanjskih spužvara 46 | Tel. 022 35 06 95 | €€)* bietet auch wunderbare Zimmer *(27 Zi., 3 Bungalows).*
Zur Insel *Krapanj* fährt stündlich eine Fähre, aber man könnte auch schwimmen – sie ist nur 300 m entfernt. Bis heute gehen hier Schwammtaucher auf Jagd nach ihrer Beute. Auch für Besucher ist Krapanj ein gutes Tauchrevier. 🕮 *F4*

22 PRIMOŠTEN

30 km von Šibenik / 40 Min. (Auto)
Auf einer tropfenförmigen Insel drängen sich Altstadthäuser rund um die auf ihrem Hügel thronende *Kirche Sv. Juraj* (15. Jh.). Ein Damm verbindet Primošten (1500 Ew.) mit den modernen Vierteln und Hotelanlagen auf dem Festland, gegenüber liegt die mit Kiefern bewachsene Halbinsel *Radučá* mit einem knapp 800 m langen Kiesstrand. Spaziere an Souvenirläden und Cafés vorbei durch den Ort bis zur *Pfarrkirche* und ihrem stillen Friedhof, von wo du schöne Ausblicke über Meer und Festland hast. Eine einzigartige Anbautechnik zeigen die ★ *Weingärten von Primošten* ca. 3 km südlich. Die Hänge sind von Stein bedeckt, nur kleine, rechteckige Felder für die Reben wurden frei gelassen. So ist die Erde vor dem Abtrag durch Wind und Wasser geschützt und die tagsüber im Gestein gespeicherte Wärme wirkt nachts wie eine Art Zusatzheizung für die Trauben. Ergebnis ist der vollmundige Rotwein Babić, den beispielsweise der Agrotourismusbetrieb *Baćulov Dvor (Primošten Burnji | baculov-dvor.com | €€)* ausschenkt (7 km nordöstlich). Außerdem gibt es auch Kräuter, Öl und Honig aus dem Biolandbau zu kaufen. | 🕮 *F5*

> **INSIDER-TIPP**
> **Rustikal-romantischer Biohof**

REGION SPLIT

GROSSSTADTFLAIR UND GEBIRGSKULISSE

Nirgendwo sonst an der dalmatinischen Küste gibt es vergleichbar schöne Strände: An der Makarska-Riviera scheint das Biokovo-Gebirge beinahe ins Meer zu fallen.

Wanderer und Kletterer können an einem Tag den alpinen Raum erobern und gleich im Anschluss den maritimen mit einem Sprung ins kühle Nass. Diese kontrastreiche Küste wählte der römische Kaiser Diokletian zum Altersruhesitz und vermachte der Nachwelt einen Palast, der zum quirligen Split heranwuchs. Die zweitgrößte Stadt

Im Hafen der Insel Hvar

Kroatiens bietet Großstadtflair, ein reges Nachtleben und einen ganz eigenen lokalen Charme. Ihre Schwester Trogir ist von historischen Renaissancebauten geprägt, während die Region rund um Makarska mit feinen Kies- und Sandstränden punktet. Die Inselwelt vor der Küste ist mindestens so berühmt – allen voran die High-Society-Partyinsel Hvar, für Aktivurlauber auch das Windsurfparadies Brač.

MARCO POLO HIGHLIGHTS

★ TROGIR
Gesamtkunstwerk in Gotik bis Barock garniert mit mediterraner, lässiger Lebensart ➤ S. 68

★ DIOKLETIANPALAST
Eine Stadt als Palast oder umgekehrt? In Split verschmelzen Antike und Neuzeit ➤ S. 71

★ KATHEDRALE SV. DUJE
Das christliche Gotteshaus birgt einen heidnischen Kern, das Mausoleum des Kaisers ➤ S. 72

★ ZLATNI RAT
Das „Goldene Horn" ist der paradiesische Strand von Brač ➤ S. 78

★ HVAR-STADT
Ein perfektes historisches Ensemble, dazu quirliger Lifestyle ➤ S. 81

★ BLAUE GROTTE (MODRA ŠPILJA)
Auf der Insel Biševo leuchtet das Meer um die Mittagszeit so blau wie in einem Märchen ➤ S. 86

★ MAKARSKA-RIVIERA
15 Ferienorte reihen sich entlang der schönsten Strände Mitteldalmatiens ➤ S. 89

G5 **Die Architektur der Romanik und Gotik haben in keiner anderen dalmatinischen Stadt die Jahrhunderte so gut überdauert wie in ★ Trogir (13 000 Ew.).**
Auf einer länglichen Insel, die sich zwischen Festland und die weitaus größere Insel Čiovo schmiegt, drängen sich Kirchen, Paläste und Bürgerhäuser entlang schmaler Gassen; an Fassaden und in Innenhöfen sind architektonische Details wie Arkadenbögen und Brunnen von der Formensprache des 13. bis 15. Jhs. geprägt. Dabei ist Trogir keine museale Stadt, denn Einheimische wie Feriengäste bringen Leben in die von der Unesco geadelten historischen Mauern. Zwei Brücken verbinden den Altstadtkern mit den modernen Vierteln im Süden und Norden.

SIGHTSEEING

PLATZ JOHANNES PAUL II. (TRG IVANA PAVLA II)

Der Platz liegt am nordöstlichen Ende der historischen Stadt. Neben der *Kathedrale Sv. Lovro* begeistert ihr gegenüber der im 15. Jh. erbaute *Ćipiko-Palast* durch seine elegante Fassade. Die gotischen Fenster stammen von Andrija Aleši, den bezaubernden Innenhof entwarf Nikola Firentinac. Die zum Platz führende Hauptstraße *Gradska ulica* trug kurioserweise fast ein Jahrzehnt lang den Namen „Kohl-Genscher"-Straße – in den 90er-Jahren ein Dank für die rasche Anerkennung von Kroatiens Unabhängigkeit durch Deutschland. Die Ostseite beherrscht das im 13. Jh. errichtete und in der Renaissance umgebaute *Rathaus*; ist der Innenhof zugänglich, kannst du dort eine romanische Treppe und einen Brunnen entdecken.

KATHEDRALE SV. LOVRO

Von der Romanik im Erdgeschoss bis zur Renaissance in den oberen Etagen des Turms erzählen die ineinandergreifenden Stile des Gotteshauses von seiner langen Bauzeit vom 13. bis zum 17. Jh. Ein Meisterwerk aus der romanischen Phase stellt das ❤ *Hauptportal* dar, das Meister Radovan mit einer Bildfolge von Szenen aus dem Alltagsleben schmückte und ihm links und rechts die auf Löwen stehenden Adam und Eva zur Seite stellte. Die von Andrija Aleši, Nikola Firentinac und Ivan Duknović geschaffene *Seitenkapelle* für Bischof Ivan von Trogir ist ein lichtes, vollkommenes Werk der Renaissance. Vom 45 m hohen *Glockenturm* eröffnet sich ein schöner Altstadtblick. *Sommer Mo–Sa 8–20, So 12–18, sonst Mo–Sa 9–12 Uhr | 25 Kuna | ⏱ 30 Min.*

BENEDIKTINERINNENKLOSTER (SAMOSTAN SV. NIKOLE)

Das Museum des Klosters besitzt kostbare Gemälde und Kirchenschätze – doch alles verblasst vor dem aus dem 3. Jh. v. Chr. stammenden Steinrelief des Kairos, den die Griechen als Gott des günstigen Augenblicks verehrten. *Sommer tgl. 10–13, 16–17.45 Uhr, sollte das Kloster geschlossen sein,*

Besichtigung leicht gemacht: Trogirs schönste Bauten stehen am Hauptplatz

einfach anrufen: *Tel. 021 88 16 31 | 30 Kuna | Gradska 2 | ⏱ 30 Min.*

FESTUNG KAMERLENGO
Im 15. Jh. erbaut, sicherte die Anlage nicht nur die Stadt gegen potenzielle Angreifer, sondern schützte auch den deren hier wohnenden Finanzverwalter vor dem Unwillen des Volkes. *Juli–Sept. tgl. 8–21, Mai/Juni, Okt. 10–19 Uhr | 25 Kuna | im Westen der Altstadtinsel | ⏱ 1 Std.*

ESSEN & TRINKEN

KONOBA TRS
Im versteckten Innenhof eines Altstadthäuschens aus dem 13. Jh. ist die Auswahl an ganz speziellen Spezialitäten umfangreiche und -werfend – Lamm-*pašticada*, Feigenravioli oder (auf Vorbestellung) sogar Hummer-*peka*. *Matije Gupca 14 | Tel. 091 2 71 09 71 | konoba-trs.com | €€–€€€*

CALEBOTTA
Schicke Restaurant-Bar mit frischer dalmatinischer Küche im Herzen der Altstadt. Vom Frühstück bis zum Abendessen bleiben keine Wünsche offen. *Gradska 23 | Tel. 021 79 64 13 | €€*

GROTA
Das romantische Höhlenrestaurant „Grotte" im Nachbarort *Seget Donji* bietet kulinarische Höh(l)e(n)punkte und ist ein regelrechter Pilgerort für Verliebte – die Kulisse ist ideal, um hier Heiratsanträge zu machen. *Hrvatskih Žrtava 360 | Tel. 021 62 64 98 | €€–€€€*

RUND UM TROGIR

1 UNTERWASSERKREUZWEG

14 km von Trogir / 19 Min. (Auto)
Religiöser Tourismus kann auch mal ganz schön abenteuerlich sein: Nahe Trogir, in der Bucht Jelinak bei Marina, wurde der weltweit erste Unterwasserkreuzweg errichtet. Die 14 Stationen sind mit 50 lebensgroßen Figuren nachgebildet. Tauchanfänger brauchen ich bei den 4 bis 9 Metern Wassertiefe keine Sorgen zu machen. Wenn sich hier noch die einfallenden Sonnenstrahlen an den Skulpturen brechen – ein magisches Spektakel. Die Unterwasserbeleuchtung macht das Pilgern mit Flossen auch nachts möglich. Kontakt in Trogir: Tauchclub *Blue Nautica (Put Cumbrijana 19 | Tel.099 6600269 | blue-nautica.com) | G5*

2 PANTAN-MÜHLE (MLINICE PANTAN)

3 km von Trogir / 7 Min. (Auto)
Das kleine Vogelschutzgebiet Pantan ist selbst nichts so Besonderes, sehr wohl aber das dortige rustikale Restaurant in einer historischen Renaissance-Mühle.

**INSIDER-TIPP
Den Durchblick haben**

Ein Stück Boden dort ist aus Glas: Du siehst den Strom durch die Mühle fließen. Wer im Restaurant zu Gast ist, muss keinen Eintritt ins Schutzgebiet bezahlen. *Kneza Trpimira 50 | pantan.net | €€ | G5*

REGION

SPLIT

H5 **Im Vordergrund der geschäftige Hafen.** An der berühmten palmen- und blumengeschmückten Riva bummeln Einheimische und Touristen vor den Mauern des Diokletianpalasts entlang. Dalmatiens größte Stadt präsentiert die urbane Seite der Küste.

Im Herzen von *Split* (180 000 Ew.) dagegen sind Hektik, Verkehr und Lärm ausgesperrt. Innerhalb der gewaltigen Mauern des römischen Kaiserpalasts hören Besucher nur das Gurren der Tauben und den hellen Klang der Kirchenglocken. Der im 4. Jh. für den Christenverfolger Diokletian (um 240–312) errichtete weiträumige Palastbezirk (ca. 215 mal 180 m) war die Keimzelle für die Gründung von Split und beherbergt heute Teile der Altstadt; Bewohner des von Slawen bedrohten römischen Salona flüchteten sich im 7. Jh. in seinen Schutz. Wie durch ein Wunder haben die römischen Bauten 1500 Jahre Nutzung so gut überstanden – seit 1979 sind sie Unesco-Weltkulturerbe.

✪ Mit der *Split Card (70 Kuna, 72 Stunden gültig | short.travel/kkd12)* bekommst du bei vielen Sights vergünstigten oder kostenlosen Eintritt.

SIGHTSEEING

DIOKLETIANPALAST (DIOKLECIJANOVA PALAČA) ★

Von der Riva her betrittst du den antiken Komplex durch sein Untergeschoss, die *Podrumi (Juni–Sept. tgl.*

WOHIN ZUERST?

Bester Ausgangspunkt für die Besichtigung ist die Uferpromenade **Obala Hrvatskog narodnog preporoda**, kurz **Riva** genannt, vor dem Diokletianpalast. Hier gibt es auch einen Parkplatz, der aber häufig belegt ist (Alternative an der Vukovarska ulica). Westlich des Palasts liegt die Altstadt rund um den lebhaften **Narodni trg**.

8.30–21 Uhr, Okt.–Mai kürzer und So-Nachmittag geschl. | 42 Kuna | 2 Std.). Aus Ziegeln aufgemauerte Bögen und Wände tragen die hohe Decke und unterteilen das Souterrain nach exakt dem gleichen Grundriss wie das kaiserliche Apartment darüber in 50 Räume. Eine Treppe führt hinauf ins Tageslicht, wo von korinthischen Säulen gestützte Arkaden das *Peristyl* einrahmen. Eine weitere Treppe endet im *Vestibül*, dem einzigen erhaltenen Raum des Palasts. Von hier hast du einen guten Überblick: Rechts erhebt sich im Peristyl die *Kathedrale Sv. Duje*, die aus dem Kaisermausoleum entstand, schräg gegenüber das *Baptisterium*, das aus dem früheren *Jupitertempel* hervorging. *Cardo* und *Decumanus*, die beiden rechtwinklig kreuzenden Hauptstraßen jeder römischen Stadt, heute die *Ulica Dioklecijanova* und die *Krešimirova*, führen zu den Stadttoren *Porta Ferrea* (Eisernes Tor) im Westen, der *Porta Argentea* (Silbernes Tor) im Osten sowie zur *Porta Aurea* (Goldenes Tor), dem Haupttor im Norden.

KATHEDRALE SV. DUJE ★

Ihren Kern bildet das achteckige Mausoleum des Kaisers Diokletian, dessen korinthischer Säulenschmuck heute einen der schönsten Altäre Dalmatiens einrahmt: Juraj Dalmatinac schuf 1422 hierfür das Relief der Geißelung Christi. Weitere Besonderheiten sind das reich dekorierte romanische Portal und die Schatzkammer mit Reliquien des hl. Domnius *(15 Kuna)*. Wer schwindelfrei ist, sollte den 60 m hohen *Glockenturm* besteigen – der Ausblick ist einfach herrlich. *Mo–Sa 8.30–19, So 12.30–18.30 Uhr | Sammelticket Glockenturm, Schatzkammer und Baptisterium 45 Kuna |* ⊙ *1 Std.*

JUPITERTEMPEL/BAPTISTERIUM (JUPITEROV HRAM/BAPTISTERIJ)

Eine Sphinx wacht über den Eingang zu dem winzigen Tempel aus dem 5. Jh. (im Palast westlich des Peristyls). Christen haben ihn ab dem 7. Jh. als Baptisterium benutzt und einen Taufstein aufgestellt, den altkroatische Reliefs schmücken. *Sommer tgl. 8.30–19.30 Uhr | 10 Kuna |* ⊙ *1 Std.*

ARCHÄOLOGISCHES MUSEUM (ARHEOLOŠKI MUZEJ)

Wenn du keinen extra Ausflug zur Ausgrabungsstätte Salona machen möchtest – besuch doch das älteste archäologische Museum Kroatiens (gegründet 1820). Mosaike und andere Fundstücke erzählen dir auch hier viel zur Geschichte der Römer in Dalmatien. *Juni–Sept. Mo–Sa 9–14, 16–20, Okt.–Mai Di–Fr 9–14, 16–20, Sa 9–14 Uhr | 30 Kuna | Zrinsko-Frankopanska 25 |* ⊙ *1 Std.*

MARJAN-HÜGEL

Splits grüne Lunge beginnt westlich des Hafens: Die ca. 3,5 km² große Halbinsel Marjan ist mit dichtem, schattigem Grün bestanden, in das sich die Spliter gerne zum Joggen, Radfahren oder auch Baden zurückziehen. Zwischen den Bäumen ducken sich Kapellen und Kirchen aus dem 16. und 17. Jh. Ein sehenswerter jüdischer Friedhof (16. Jh.) erinnert an die Judenverfolgung in Spanien. Zum höchsten Punkt (178 m) führt eine 1924 erbaute Treppe mit 378 Stufen. Ein Ort mit idealer Aussicht, um den Sonnenuntergang zu genießen. Nach einem Spaziergang solltest du eine Pause im *Café Vidilica (Nazorov prilaz 1)* einlegen. Rund um die Halbinsel locken Kiesstrände wie *Bene, Ježinac* und *Kašjuni* zu einem Sprung ins Meer.

Ivan Meštrović (1883–1962) ist Kroatiens berühmtester Bildhauer und vor allem bekannt für monumentale Skulpturen. In seiner Sommervilla zeigt die 🎗 *Galerija Meštrović*, wie vielschichtig und auch filigran sein Werk ist. *Mai–Sept. Di–So 9–19, sonst Di–Sa 9–16, So 10–15 Uhr | 40 Kuna | Šetalište Ivana Meštrovića 46 | mestrovic.hr*

> **INSIDER-TIPP**
> Alte Gräber im Naturschutzgebiet

ESSEN & TRINKEN

MAZZGOON

Direkt an der Mauer des Diokletianpalasts werden dalmatinische Spezialitäten ins 21. Jh. geholt und vom „meistens freundlichen" Personal, wie es in der Karte heißt, serviert. Kreativ, humorvoll und lecker. *Bajamontijeva 1 | Tel. 098 987 77 80 | mazzgoonfood.com | €€–€€€*

KONOBA MATEJUŠKA
Eine Reservierung ist in dem winzigen Lokal obligatorisch; hier bekommt man die mit Abstand beste traditionelle Küche und viel Fisch. *Tomića Stine 3 | Tel. 021 32 10 86 | villamatejuska.hr | €€€*

BUFFET FIFE
Einfach und gesellig geht es in dieser Hafenkneipe zu, in der Hausmannskost in riesigen Portionen auf die Tische kommt. Unter Einheimischen gelten die frittierten Fischchen als Geheimtipp. *Trumbićeva obala 11 | Tel. 021 34 52 23 | €*

VEGGIE-ADRESSEN
Leckere Alternativen für Vegetarier und Veganer gibt's in der kreativen Küche von *Makrovega (Leština 2 | makrovega.hr | Tel. 021 39 44 40 | €€)*, als günstigen Snack im *Vege Fast Food (Put Porta 2 | €)* oder im todschicken *Up Café (Domovinskog rata 29a | upcafe.hr | €€).*

LUKA
Für das mit Abstand leckerste Eis der Stadt steht man gerne in der Schlange. Selbst gemachte, oft ausgefallene Sor-

Splits Kathedrale im Diokletianpalast – Highlight im Highlight

SPLIT

Bummeln und shoppen im Palastkeller

MODE
Kroatische Designerstücke schmücken die Kleiderstangen der Boutique *Think Pink* (Zadarska 8 | und Marulićeva 1). Natürlich Schickes, weil aus nachhaltig und fair produzierten Materialien, bietet der sympathische Altstadt-Store *Krug* (Nepotova 1 | krugstore.com). Kreationen kroatischer und internationaler Designer verschmelzen in den romantischen Stylings des *ID Concept Store* (Bana Jelačića 3). Besonderen Urlaubsschmuck machen die im nautischen Design gehaltenen Armbänder von *Break Time Croatia* (Trogirska 8 | nautical-bracelets.com) her – gibt's auch mit Gravur.

INSIDER-TIPP
Ein bisschen Meer-Mode

PODRUMI
In einem Teil der unterirdischen Gewölbe des Diokletianpalasts werden Souvenirs, Bücher, kunstgewerblicher Schmuck und hübsche Repliken römischer Mosaikmotive angeboten.

SPORT & SPASS

AM HAUSBERG MARJAN
Tob dich auf dem Marjan aus, dem Hausberg der „Großstädter": kletternd über die steilen Routen am Südabhang oder mit dem Rad die Mountainbike-Trails hinab. Radverleih an der Riva: *Baracuda* (Trumbiceva ob. 13 | baracuda.com.hr); *Split Rent Agency* (Obala Lazareta 3 | split-rent.com)

SEMI SUBMARINES
Einen Fischschwarm am Fenster des knallroten Halb-U-Boots vorbeiblub-

ten aus natürlichen Zutaten. *Svačićeva 2 | Facebook: LukaIceCream*

SHOPPEN

MARKT STARI PAZAR
Neben dem Diokletianpalast werden täglich frisches Obst und Gemüse verkauft. Auch Souvenirs.

REGION SPLIT

bern zu sehen, ist vor allem für Kleine das Größte. Auch der Blick von Deck auf die Altstadt ist nicht ohne. *Tgl. 10–23 Uhr | 100 Kuna | Ablegestelle mitten im Hafen an der Riva | semi submarine-split.com*

PINELI & VINO

Ein Gläschen Künstlerdasein: Beim abendlichen Malkurs mit Weinverkostung in einem entdeckst du deine kreative Ader. Ein paar Farbkleckse durch die weinrote Brille betrachtet werden zum individuellen selbstgemachten Souvenir. *30 Euro pro Person inkl. Malmaterialien und Wein | Jerina 1 | Tel. 099 68 86 359 | artbottega. com.hr*

STRÄNDE

Splits Stadtstrand *Bačvice* (Kies/Beton) liegt südöstlich der Altstadt: Hierher kommen die Bewohner nicht nur zum Baden, sondern auch, um das in Split erfundene *Picigin* zu spielen. Die Spieler stehen im knöcheltiefen Wasser und versuchen, einen tennisballgroßen Ball mit Handaufschlägen so lange wie möglich in der Luft zu behalten – nicht allzu komplex, aber es geht nicht um Zieltreffer. Bewertet werden die kreativen Sprünge, Fälle und Verrenkungen, die die Spieler für den Aufschlag vollbringen. Strandkunstlauf, wenn man so will. Weitere Strände finden sich an der Marjan-Halbinsel und in den Buchten nach Süden, so der angesagte *Obojena svjetlost* in Kaštelet.

INSIDER-TIPP
Wasserball mit Akrobatik

AUSGEHEN & FEIERN

Die Auswahl an Clubs und Bars in der jungen Studentenstadt ist groß. Der Abend könnte mit einem Aperitif im *Café Vidilica (Nazorov prilaz 1)* mit Fernblick auf die Adriainseln starten oder im *Getto (Dosud 10)*, wo man lässig zwischen Blumen und Springbrunnen in tiefen Sesseln versinkt. Die Kombination aus Jazz und alten Büchern kreiert besonderes Flair im *Marvlvs Library Jazz Club (Papalićeva 4)*. Später nachts wird im *Vanilla (Poljudski put)*, im exklusiven *Hemingway (Mediteranskih igara 5)* oder in einem der Clubs um den Strand Bačvice gefeiert.

Doch die wahren Vibes von Split, die es zum musikalisch-kulturellen Zentrum der Region machen, spürst du beim urbanen Kulturfestival *Evo Ruke (ab 21 Uhr | revija-urbane-kulture. com)*, das Jazz-, Blues- und Rockkonzerte im zentral gelegenen Park *Strossmayera* (genannt *Đardin*) veranstaltet. Täglich völlig kostenlos von Juli bis September!

RUND UM SPLIT

3 KAŠTELA (STRASSE DER KASTELLE)

Ca. 12–21 km von Split / 20–30 Min. (Auto)

Die sogenannte „Straße der Kastelle" verbindet sieben an der Bucht gelegene Orte, die sich alle aus festungsarti-

RUND UM SPLIT

gen Anwesen des 15./16. Jhs. entwickelt haben: *Sućurac, Gomilica, Kambelovac, Lukšić, Stari, Novi* und *Štafilić*. Unter Habsburger Herrschaft galt dieser Küstenabschnitt als die Riviera von Split; historische Villen und K.-u.-k.-Hotels, heute leider ziemlich verfallen, zeugen davon. Das sozialistische Jugoslawien siedelte hier Schwerindustrie an. So zeigt die Kaštela eine eigenwillige Mischung: hier die verschlafene Schönheit alter Parks und einiger restaurierter Kastelle, dort vor sich hin rostende Industrieanlagen. Besuch exemplarisch das *Kaštel Gomilica*, das herrisch auf einer Felsinsel thront.
Im „biblischen Garten" *Biblijski vrt (Put Gospe Stomorije bb | Eintritt frei)* in *Stomorija* kannst du die paradiesische Ruhe zwischen Skulpturen biblischer Motive und Pflanzen genießen. *G–H5*

4 ETHNODORF ŠKOPLJANCI
35 km von Split / 50 Min. (Auto)
Mit restaurierten Steinhäusern, deftiger Küche in einer hergerichteten Konoba und von Darbietungen wie einer Dorfolympiade umrahmt, landen Besucher in einem lebendigen Bilderbuch kroatischer Lebensweisen. Die nostalgische Idylle hier hat einen Ethnotrend gestartet – inzwischen gibt es in Dalmatien eine ganze Reihe an restaurierten Dörfern mit Folkloreevents. *Radošić | Tel. 021 805777 | adosic.com | G5*

5 KLIS
14 km von Split / 30 Min. (Auto)
„Schlüssel Dalmatiens" wurde die imposante Festung lange Zeit genannt, die nördlich vor Split über dem gleichnamigen Ort thront. Diese strategisch günstige Lage führte dazu, dass sie schon von römischen, kroatischen, venezianischen und osmanischen Herrschern genutzt wurde – und sogar von Herrschern mit Drachen als Haustieren: Klis ist ein „Game of Thrones"-Drehort. Heute siehst du von den Aussichtstürmen aus keine feindlichen Heere mehr herannahen, doch die Küstenlandschaft ist immer noch einen Blick wert. Unfreiwillig abenteuerlich ist die magere Absturzsicherung – nicht für kleine Kinder geeignet. *Tgl. 9.30–16 Uhr | Eintritt 40 Kuna | tvrdavaklis.com | 2,5 Std. | H5*

6 ŠOLTA
30 Min. von Split (Katamaran) / 1 Std. (Fähre)
Die vor Split gelegene Insel (58 km², 1700 Ew.) wirkt trotz der Nähe zur Großstadt wunderbar ländlich; hier wachsen Oliven für eines der besten Öle Kroatiens, Unterkunft findet man fast nur in Privatzimmern und Ferienwohnungen. Die intensiv schmeckende einheimische Weinsorte Dobričić probiert man am besten bei *Purtića dvor* (Do–Di 10–13, Mi 18–21 Uhr I Put crkve 19, Srednje selo I Tel. 098 38 54 25) der Winzerfamilie Mirjana und Tomislav Purtić.

INSIDER-TIPP
Ein Schlückchen Insel-Rotwein

Touristische Zentren sind *Nečujam* und *Stomorska* im Osten; Badebuchten liegen entlang der Nordküste, die felsige Südküste ist nur vom Meer her zugänglich. *G5*

REGION SPLIT

Goldene Kieselchen auf vom Wind getriebenen Abwegen: der Strand Zlatni rat

BRAČ

H–J 5–6 **Dolce Vita am Traumstrand, Traditionen im landwirtschaftlich geprägten Hinterland. Die Insel Brač zeigt zwei sehr unterschiedliche Gesichter.**

Wie eine aus feinem Kies geformte Sichel, schwingt Bračs berühmtester Strand *Zlatni rat*, das „Goldene Horn", mit den Meeresströmungen mal nach Ost, dann wieder nach West. Doch es wäre viel zu schade, die größte Insel Mitteldalmatiens (395 km², ca. 15 000 Ew.) nur auf ihren paradiesischen Ausleger zu reduzieren. Von Macchia bedeckte, karge Flächen gehören zum Landschaftsbild wie auch mit Oliven- und Feigenbäumen oder Weinreben bewachsene Hänge. Brač besitzt ein kostbares Baumaterial, blendend weißen Kalkstein, der auch als „Bračer Marmor" bekannt ist und bereits von den Römern abgebaut wurde. Er hat zwei große Vorteile: Er ist relativ weich, lässt sich sowohl einfach „ernten", wie die Bračer sagen, als auch bearbeiten, und er wird mit der Zeit immer härter und stabiler. Noch heute wird der Stein in mehreren Brüchen auf der Insel gewonnen.

ORTE AUF BRAČ

7 SUPETAR

Die Stadt (3200 Ew.) des hl. Petrus (Sv. Petar) an der Nordküste ist neben Bol das zweite Ferienzentrum von Brač, hier legen die Autofähren vom Festland an. Die *Kirche Mariä Verkündigung* mit ihrer beeindruckenden ba-

BRAČ

rocken Treppe dominiert das Bild der Altstadt.

> **INSIDER-TIPP**
> **Geschichte liegt dir zu Füßen**

Am Boden außerhalb der Kirche entdeckst du frühchristliche Mosaike aus dem 6. Jh., die auf das Fundament der Hl.-Petrus-Basilika hinweisen.

Ein viertelstündiger Spaziergang am Strand entlang führt vom Hafen zum malerisch gelegenen Friedhof an der Spitze der Halbinsel Sv. Nikola. Eine Alternative zum gut besuchten Hauptstrand bietet die Küstenlinie (Fels- und Kiesstrand) westlich der Landzunge Bili rat, deren Buchten schattenspendende Pinien säumen. Die großen Strandhotels konzentrieren sich noch etwas westlicher, an der Bucht Vela Luka. Auch in der weiteren Umgebung wirst du in kleineren und größeren Buchten ein schönes Plätzchen zum Baden finden.

Speisen in einem Olivenhain – diese besondere Umgebung verspricht die *Konoba Luš (tgl. ab 17 Uhr | Put Viščica 55 | Tel. 099 8 03 36 46 | €€)*.

Viele weitere Badeziele und hübsche Nachbarorte sind ohne große Anstrengung auch mit dem Rad zu erreichen; bei *Freni Opačak (Vlačica bb | Tel. 095 5 21 76 11 | rent-a-bike-brac.com)* bekommst du gut gewartete Bikes und Tipps für Touren.

Einige Kilometer weiter östlich ist das steil an den Hängen einer tiefen Bucht emporkletternde *Splitska* ein friedliches Idyll. Knapp 4 km nach Westen lohnt sich ein Spaziergang durch das hübsche Örtchen *Mirca*. Wie Olivenöl gepresst wird, zeigt (nach Anmeldung, auch Ölverkauf) das *Muzej uljarstva (Tel. 021 63 09 00)*. | 🗺 H5

8 PUČIŠĆA

Der Stadt (1700 Ew.) an einer tief eingeschnittenen, schmalen Bucht der Nordküste sieht man an, dass sie ein Zentrum des Bračer Steins ist. Mit seinen hellen, um das Hafenbecken angeordneten Häusern, den Souvenirständen, an denen aus weißem Kalkstein gearbeitete Schalen oder Figuren verkauft werden, und der hübschen *Renaissancekirche Mariä Himmelfahrt* mit Grabstätten Bračer Steinmetze, wirkt Pučišća authentisch. Zum Baden locken kleine Kiesstrände oder die herrliche *Uvala Luke* rund 3 km östlich. Fünf Buchten schmiegen sich an den Meeresarm, in der Luke-Bucht serviert die *Taverna Pipo (Tel. 021 7 84 54 95 | pipo1.com | €€€)* frisch gefangenen Fisch. In Pučišća selbst ist das Bistro *Fontana (Trg B. Desković 4 | Tel. 021 63 35 15 | €€)* mit einfachen Gerichten eine beliebte Adresse. 🗺 H5

9 BOL

Das Städtchen (1600 Ew.) breitet sich an der Südküste am Fuß des höchsten Inselbergs *Vidova gora* (778 m) aus. Seine Beliebtheit als Badeziel verdankt Bol dem milden Klima, vom Berg geschützt vor dem kalten Nordostwind Bora, in erster Linie aber dem mehrere Hundert Meter langen Feinkies-Strand ★ *Zlatni rat (Goldenes Horn)*. Im Hochsommer fühlt man sich an dem schönen Ort allerdings wie in einer Sardinenbüchse.

Von traditionellen Steinhäusern ge-

REGION SPLIT

säumte Gassen verlaufen im hübschen Zentrum um den kleinen Hafen. Pensionen, Souvenirgeschäfte und Restaurants prägen den Ferienort, doch auch moderne Kunst hat sich eingenistet. In einem Barockpalais am Hafen zeigt die *Galerija Dešković (Juni-Sept. Di–So 9–12, 18–23, Okt.–Mai Di–Sa 9–15 Uhr | 15 Kuna)* Werke zeitgenössischer kroatischer Kreativer.

INSIDER-TIPP
Denkmal der Dickköpfigkeit

Eine kuriose Attraktion ist das „Haus im Haus" an der Straße Donja obala (von außen zu besichtigen). Im 19. Jh. wählten die reichen Vuković-Brüder diesen Platz für ihre Familienresidenz aus. Zu dumm, dass da schon ein Häuschen draufstand – mit sturem Besitzer. Ebenso stur begannen die Brüder, um dessen Haus herum ihre Wände zu bauen. In einem Sturm kamen die Brüder ums Leben, das kleinere Haus blieb stehen.

Ein kurzer Spaziergang führt nach Osten zum *Dominikanerkloster (Juni-Okt. tgl. 10–12, 16–19 Uhr | 15 Kuna | Anđelka Rabadana 4)*, in dessen Museum u. a. prähistorische Funde und ein Gemälde von Tintoretto gezeigt werden. Reizvoll sind auch der Klostergarten und der ⚑ Kiesstrand *Martinšćica* gleich nebenan.

Der verlässlich antreibende Maestral macht Bol neben Orebić zum Windsurfzentrum Dalmatiens. Bei *Big Blue Sport (Podan Glavice 2 | bigbluesport. com)* am Borak-Strand kann man auch Mountainbikes und Kajaks mieten.

Eine alte Mühle ist Mittelpunkt der gemütlichen *Konoba Mlin (Ante Starčevića 11 | Tel. 021 63 53 76 | konobamlin.com | €€)* mit sehr empfeh-

Die Boote sind in Supetars Hafen vertäut, die Besitzer gehen im Nachtleben vor Anker

BRAČ

Das Felsenkloster Blaca aus dem 16. Jh. ist ein beliebtes Wanderziel

lenswerter *pašticada*. Abseits vom Rummel und etwas bergauf liegt das Restaurant *Ranč (Hrvatskih domobrana 6 | Tel. 021 63 56 35 | €–€€)*, in dem es vor allem rustikale Grillgerichte und traditionell Dalmatinisches gibt. Abends zieht die Partyszene in die Bar *Varadero (Frane Radića 1)*.

Ungewöhnlich urban fühlt sich Bol Ende Juli an beim Hip-Hop- und Graffiti-Festival *Graffiti na gradele (graffiti nagradele.tumblr.com)*. H6

10 FELSENKLOSTER BLACA

Von Bol bringt dich das Ausflugsschiff direkt in die „Wüste". Ohne Sand und ohne Kamele: Das *Felsenkloster (Pustinja Blaca)* wird „Wüste" *(pustinja)* genannt, weil es von Mönchen nach der Flucht vor Osmanen (16. Jh.) weit abgelegen in einem Talschluss gegründet wurde *(ab der Anlegestelle 45 Min. Fußweg | 120 Kuna)*. Im Konvent pflegt man die altkroatische Kirchenschrift *glagolica*. Auch ein kleines *Museum (Di–So 9–17 Uhr | 40 Kuna)* ist dabei. H6

11 MURVICA

In Murvica 6 km westlich von Bol kann man eine weitere Einsiedelei besuchen, denn auch in der *Drachenhöhle (Zmajeva špilja)* lebten ab dem 15. Jh. Eremiten. Ihren Namen hat sie von einem Drachenrelief, das schon von frühen Christen in die Wand gemeißelt wurde (Besuch bei der Tourist-Info in Bol anmelden). H6

DÖRFER IM INSELINNEREN

Im Schäferdorf *Gornji Humac* 10 km nordöstlich von Bol sind die Häuser

REGION SPLIT

aus Bruchsteinen erbaut und die Dächer mit Steinplatten belegt, denn der Wind kann auf der Hochebene (485 m) kräftig blasen. Die urige *Konoba Tomić (Tel. 021 64 72 28 | €)* vermietet auch Gästezimmer *(9 Zi.)*. Im Restaurant kommt nach ökologischen Prinzipien erzeugtes Gemüse und Fleisch auf den Tisch.

20 km weiter nordwestlich soll *Škrip*, bereits um 1400 v. Chr. besiedelt gewesen sein. Bis heute ist der von Wehrmauern, Kirche und einem Turm geprägte Ortskern wunderbar erhalten. Im *Radojković-Turm* aus dem 16. Jh. breitet das *Muzej otoka Brača (Sommer tgl. 8–20 Uhr | 12 Kuna)* die Geschichte der Siedlung aus. An die Römer erinnern ein Herkules-Relief und ein Mausoleum.

Der weiße Stein hat auf der Insel Brač auch Künstler inspiriert: Ein richtiger Bildhauerclan lebt und arbeitet in *Donji Humac* (3 km östlich von Škrip, 20 km nordwestlich von Bol). Urgroßvater Jakšić eröffnete das Atelier 1903. Jüngster Jakšić ist Lovre junior, dessen Skulpturen den Stein in ein scheinbar fließendes Material verwandeln. Die Familie empfängt interessierte Besucher gerne in ihrer *Galerija Jakšić (keine festen Öffnungszeiten | Tel. 021 64 77 10 | drazen-jaksic.hr).* | H5–6

HVAR

G–J6 **Das „kroatische Ibiza" ist in, doch abseits des Rummels in der Inselhauptstadt Hvar sind noch bodenständige Konobas und unverbaute Strandbuchten zu finden.**

Das knapp 300 km² große *Hvar* (11 000 Ew.) gilt als Kroatiens mondänstes und von der Prominenz geliebtes Eiland. Im Sommer verströmen die lilafarbenen Lavendelblüten ihre Aromawolken. Die schönsten Strände finden sich auf den vorgelagerten *Pakleni otoci*, den „Hölleninseln", zu denen Taxiboote übersetzen (ca. 40 Kuna / pro Person). Der bedrohliche Name passt allerdings gar nicht zu diesem Bade- und Schnorchelparadies. Tatsächlich haben die Inseln nichts Höllisches *(pakleni)* an sich, der Name stammt ab vom Wort Pech *(paklina)*, das früher zum Abdichten von Schiffen genutzt wurde. Auf einer geführten Kajaktour mit *Hvar Adventure (Jurja Matijevića 20 | 4 Std. inkl. Snack und Wein 375 Kuna | Tel. 021 71 78 13 | hvar-adventure.com)* paddelst du von Bucht zu Bucht in den Sonnenuntergang. Um die gebirgige Insel Hvar mit dem Fahrrad zu erkunden, empfiehlt es sich, ein E-Bike zu mieten. Gut gewartete Räder hat *e-bike croatia (Rad ab 180 Kuna/Tag | Ive Roic 6 | Tel. 091 5 84 98 41 | e-bike-croatia.com)* in Hvar im Programm.

ORTE AUF HVAR

12 HVAR-STADT ★

Eine Armada von Luxusyachten schaukelt in den Sommermonaten sanft in den Wellen vor der Uferpromenade, während deren Besitzer in den Restaurants und Clubs des Städtchens (4200 Ew.) feiern. Hvar kämpft gegen die Auswüchse seines Partyimages an

HVAR

und so wird etwa für Sightseeing im Strandoutfit mit drakonischen Strafen gedroht.

Die meisten VIPs schenken den wahren Attraktionen Hvars wenig Beachtung, und so lässt sich's entspannt durch die Altstadt bummeln. Eine schöne Kulisse bietet der Hauptplatz *Trg Sv. Stjepana*, In der Konditorei *Slastičarna Hvar* kannst du Eis mit Lavendelgeschmack kosten – man liebt es oder man hasst es! Vom Hafenbecken *(mandrač)* führt der Platz auf die Kathedrale *Sv. Stjepan* zu. Ihre Renaissancefassade mit dem elegant gegliederten Turm schließt die *Pjaca*, wie die Einheimischen den Platz nennen, ab. Zweiter markanter Bau ist das im 16. Jh. errichtete *Arsenal*, in dem venezianische Kriegsschiffe versteckt und Getreide gelagert wurde.

INSIDER-TIPP
Eine Kugel lila Eis

Im früheren Aristokratenviertel *Groda*, das von der *Pjaca* fast bis zur Festung den Hang emporklettert, verbirgt sich das barocke *Benediktinerinnenkloster (Juni–Sept. Mo–Fr 10–12, 17–19 Uhr | 10 Kuna)*, dessen Nonnen filigrane Spitzendeckchen aus Agavenfasern anfertigen. Im kleinen Museum sind die schönsten Beispiele zu sehen. Von der ⚑ *Festung Španjola (Sommer tgl. 8–24, Frühjahr/Herbst 9–21 Uhr | 40 Kuna)* hast du die großartigste Aussicht über die Altstadt und das vorgelagerte Archipel der *Pakleni otoci*; eine Ausstellung zeigt archäologische Funde und sogar Schiffswracks. Gehst du die Stufen zum gruseligen Keller hinunter, kannst du in den engen Zellen das Gefangenenleben nachempfinden.

Besinnung und Ruhe findest du im südlich des Zentrums gelegenen *Franziskanerkloster (Franjevački samostan) (Mo–Sa 9–15, 17–19 Uhr | 35 Kuna | Put križa)*. Der im 15. Jh. gegründete Konvent birgt ein *Museum* mit Unterwasserfunden und einen wunderschönen Kreuzgang. Den angrenzenden Garten mit einer über 300 Jahre alten Zypresse möchte man am liebsten nie mehr verlassen.

Anspruchsvoll kocht Hrvoje Tomičić im *Kod Kapetana (Fabrika 30 | Tel. 021 74 22 30 | €€€)*: Von Hummer bis zum Lamm wird hier alles wunderbar frisch zubereitet und mit Blick auf die Altstadt serviert.

⚑ Wer einen preiswerten Snack am Ufer sucht, wird mit den Wraps und Sandwiches von *Da Vinci (Put križa 21 | Tel. 021 804 181)* glücklich. Abseits vom Rummel und unweit des Franziskanerklosters hat sich Đorđota Vartal im *Restoran Vartal (Fulgencija Careva 1 | Tel. 021 74 30 77 | restoran-vartal.com | €€)* auf Fleischgerichte spezialisiert.

Der Abend in Hvar beginnt mit dem *korzo*, dem abendlichen Flanieren auf dem Hauptplatz. Einen Drink nehmen viele im schicken *Carpe Diem* an der Promenade ein. Entspannter geht es in der Bar *Zimmer Frei (Gornja cesta)* in einer kleinen Gasse in der Altstadt zu. Weiterer Hotspot ist die *Ka' Lavanda Music Bar (Mate Miličića 7 | kalavanda.com)* wenige Schritte weiter. Köstliche Cocktails und Burger zu klasse Musik serviert die *Lola Bar (Sveti Marak 8 | €€)* – teste den „RunLolaRun"-Cocktail! Einen eigenen Shuttledienst betreibt *Carpe Diem* zu seinem

REGION SPLIT

Prominentes Zentrum im Promizentrum: die Pjaca von Hvar

Carpe-Diem-Beach (Mai–Sept. tgl. 8–20 Uhr, bei Events auch länger | carpe-diem-hvar.com) in der *Stipanska-Bucht* auf der Insel *Marinkovac*, wo man Sonnenanbeter in Restaurant, Loungebar und mit DJ-Auftritten unterhält.

Ein kleiner Ausflug mit dem Rad bringt dich ins Dorf *Brusje*, das Zentrum des Lavendelanbaus 6 km nordöstlich von Hvar. In so gut wie jedem Haus werden Lavendelprodukte verkauft, auch aromatischer Honig. Biolebensmittel wie Olivenöl, Käse oder Wein bekommst du im *Green House Hvar (Kroz Burak 27)*. H6

13 STARI GRAD
8 km von Hvar / 12 Min. (Auto)
Was für ein Gegenpol zu Hvar: Mit mediterraner Gelassenheit empfängt Stari Grad (2400 Ew.) seine Besucher. Griechische Kolonisten gründeten die Siedlung Pharos im 4. Jh. an einer schmalen, tief eingeschnittenen Bucht im Norden der Insel. Stari Grad war einst ein bedeutendes kulturelles Zentrum: Der kroatische Renaissancedichter Petar Hektorović (1487–1572) versammelte in seiner burgähnlich ausgebauten *Villa Tvrdalj (Mai–Okt. tgl. 10–13, 17.30–20.30 Uhr | 15 Kuna)* die führenden Köpfe seiner Zeit zu Gesprächen. Auf dem Anwesen mit einem Fischteich im Arkadenhof, dessen Mauern lateinische Sinnsprüche zieren, kann man ein wenig in die philosophische Welt des Poeten eintauchen. Hektorović und dessen Tochter Lukrezia begegnet man auch auf einem Gemälde in der *Kirche des Dominikanerklosters*, Tintoretto persön-

HVAR

lich hat die beiden auf Leinwand gebannt. Der hübscheste Platz der Stadt ist *Trg Škor* – hier wird im Sommer auch Folklore gezeigt. Reste der antiken Stadtmauer kannst du unweit der Kirche *Sv. Ivan* besichtigen.

Ein ganzes Karsttal, die *Ebene von Stari Grad* zwischen Stari Grad und Jelsa, ist Unesco-Welterbe, denn Wein- und Olivenpflanzungen sind heute noch nach dem Kataster der griechischen Kolonisten im 4. Jh. v. Chr. aufgeteilt. Auch die Steinmauern, die diese Felder begrenzen, und die Unterstände für die Bauern gehen auf antike Vorbilder zurück.

Das Abendessen solltest du in der *Konoba Zvijezda mora (Trg Petra Zoranića | Tel. 099 2 99 16 03 | zvijezdamora.com | €€€)* einplanen, deren Küchenchef Tomislav Subašić regionale Produkte und Kräuter perfekt verarbeitet. Auch im Weiler *Dol* 4 km östlich steht in der *Konoba Kokot (ab 18 Uhr | Kuničića dvor 8 | Dol St. Ana | Tel. 091 5 11 42 88 | €)* regionale Küche, dazu Ziegenkäse in allen Variationen sowie auch Zicklein auf der Speisekarte. Vieles stammt aus Ökoanbau bzw. -zucht. *H6*

14 VRBOSKA, JELSA UND UMGEBUNG

An tief eingeschnittenen, geschützten Buchten liegen auch die beiden Hafenstädtchen *Vrboska* und *Jelsa* an der Nordküste östlich von Stari Grad. Vrboskas entspannte Atmosphäre und die Kiesbuchten auf der Halbinsel *Glavica* ziehen im Sommer viele Ausflügler an. Neben dem schmalen Hafenbecken, über das eine alte Steinbrücke

Meeresfrüchte aller Art und Fisch in einem Topf: die Hvarner Spezialität Gregada

führt, ist die im 16. Jh. erbaute Wehrkirche *Sv. Marija (Sommer tgl. 10–12, 19.30–21 Uhr | 15 Kuna)* auf einer Anhöhe sehenswert. Das *Gardelin (Vrboska bb. | Tel. 021 77 42 80 | €€)* an der Marina hat tolle Fischgerichte.

**INSIDER-TIPP
Fischersmahlzeit**

Möchtest du eine lokale Spezialität der Insel Hvar kennenlernen, bestell den Fischeintopf *Gregada*.

Jelsa ist touristischer geprägt. Hier liegen mehrere Campingplätze.

Herzhaftes genießt du im rustikalen Ambiente der *Konoba Dvor Duboković (ab 18 Uhr | Tel. 098 1 72 17 26 | dvordubokovic.hr | €€)* im 2 km entfernten Pitve. Unbedingt den selbst gemachten Sauerkirsch- und Rosenlikör probieren! Wer sich für Weinbau interessiert, sollte von Pitve nach Zavala (ca. 5 km) und weiter an der Südküste entlang gen Westen bis nach *Sv. Nedjelja* (weitere 7 km) fahren. Welche Qualität das besondere Klima und die Böden hervorbringen, kannst du in der *Konoba Bilo Idro (Tel. 021 74 57 09 | €€€)* verkosten. Winzer Zlatan Plenković keltert die besten Weine der Insel, darunter den berühmten *Zlatan otok*. Dazu gibt's frischen Fisch oder einen Vorspeisenteller mit *pršut* und Käse.

7 km östlich von Jelsa liegt das Ethnodorf *Humac (Eintritt frei)*, ein schön restauriertes ehemaliges Hirtendorf mit Steinhäusern aus dem 17. Jh. In manchen von ihnen kann man Zimmer buchen. Sehr sympathisch wirkt die traditionelle *Konoba Humac (Tel. 091 5 23 94 63 | besser reservieren | short.travel/kkd13 | €€)*. Vor Ort kannst du auch eine Tour zu Stalagmiten und Stalaktiten der südlich gelegenen *Höhle von Grapčevo* buchen. *H6*

VIS

G6 **Rund zwei Stunden benötigt die Fähre von Split zu der weit draußen im Meer liegenden Insel Vis (3500 Ew.). Wohl deshalb ist sie vom Tourismus noch relativ wenig berührt und hat noch jede Menge Traumbuchten und verborgene Strände zu bieten.**

Griechen besiedelten die Insel im 4. Jh. v. Chr. und nannten sie *Issa*. Ihnen folgten Römer und schließlich Slawen. Im 15. Jh. geriet Vis unter venezianische Herrschaft. Nach Venedig setzten sich die Habsburger über ein Jahrhundert lang fest. 1943 kam schließlich Tito und richtete seine Kommandozentrale ein. In der sozialistischen Ära war Vis als Marinestützpunkt Sperrgebiet. Erst seit 1992 öffnet sich das 91 km² große Vis dem Tourismus. Die ehemaligen Militärgebäude und unterirdischen Tunnel der „verbotenen Insel" werden bei der abenteuerlichen *Military Tour* (zu buchen über Reisebüro Vis Special | vis-special.com | vierstündige Tour 410 Kuna) wiederentdeckt. Besucher finden auf der Insel fruchtbare Landschaften, eine zerklüftete, von Robinsonbuchten gesäumte Küste und die beiden Städtchen *Komiža* und *Vis*. Mit

**INSIDER-TIPP
Titos verbotene Insel**

...er die Insel führt die ... S.120).

ORTE AUF VIS

15 VIS

Im Hauptort (1900 Ew.) an einer hufeisenförmigen Bucht an der Nordostküste sind die Spuren des antiken Issa schon bei der Ankunft mit dem Schiff zu sehen: Das Ende der Landzunge besetzt eine ★ griechische *Nekropole*, nicht weit entfernt finden sich Fundamente römischer Thermen (frei zugänglich). Das *Archäologische Museum (Juni–Sept. Mo–Fr 10–13, 17–20, Sa 10–13 Uhr | 20 Kuna | Šetalište viški boj 12)* in der ehemaligen Habsburger Hafenfestung *(Baterija della Madonna)* zeigt die schönsten Fundstücke wie Amphoren, Statuen und Alltagsgegenstände. Dass die gemütliche *Konoba Kod Paveta (Ivana Farolfija 42 | Tel. 021 71 13 44 | €€)* nur eine Miniterrasse hat, macht sie durch köstliche traditionelle Gerichte wett. Die Profis von *ANMA Diving (Apolonia Zanelle 2 | Tel. 091 5 21 39 44 | anma.hr)* führen zu den besten Tauchplätzen. ▯ G6

16 KOMIŽA

Steinhäuser säumen die Hafenbucht, von der aus früher die Fischer in See stachen, um Sardinen zu fangen. Heute ankern Yachten am Kai, denn das ruhige Städtchen (1200 Ew.) ist ein beliebtes Ziel der Nautiker. Das *Fischereimuseum (Ribarski muzej | tgl. 10–12, 20–23 Uhr | 20 Kuna)* im venezianischen *Wachturm* zeigt u.a. den Nachbau einer *Falkuša*, eines traditionellen Fischerboots. An den beiden Kiesstränden, *Gusarica* und *Kamenica*, kannst du ins klare Nass eintauchen. Deluxe-Gerichte aus Fisch, Hummer und Meeresfrüchten geben in der *Konoba Jastožera (Gundulićeva 6 | Tel. 021 71 38 59 | €€€)* den Ton an. Etwas günstiger sind die leckeren Holzofenpizzen von *Karijola (Šetalište viškog boja 4 | Tel. 021 71 13 58 | €€)*, als „Beilage" gibt's eine tolle Aussicht an der Promenade. ▯ G6

INSIDER-TIPP Köstlichknusprige Pizza

RUND UM VIS

17 BLAUE GROTTE (MODRA ŠPILJA) ★

Von Vis ca. 1 Std. 15 Min., von Komiža 30 Min. (Boot)

Einen Ausflug zur Nachbarinsel *Biševo* mit der berühmten *Blauen Grotte* solltest du mit einer Agentur unternehmen, die dich zur richtigen Zeit von Komiža zur Meereshöhle bringt. Nur in einer bestimmten Zeitspanne rund um die Mittagszeit herum lassen die Sonnenstrahlen das Wasser in der Höhle in leuchtendem Türkis erstrahlen *(zahlreiche Anbieter in Komiža, Eintritt 70 Kuna)*. ▯ G7

OMIŠ

▯ H5 **Im Mittelalter war das unbezwingbare kleine Piratennest am Eingang zur Cetina-Schlucht ein**

REGION SPLIT

Gut festhalten, Höhenangst ignorieren und ab mit der Zipline über den Canyon bei Omiš

Dorn im Auge der Machthaber der Umgebung.

Mit pfeilschnellen Bootsangriffen aus der Mündung des Flusses Četina hielten die slawischen Freibeuter ab dem 11. Jh. ihre Angreifer in Schach, bis es Venedig 1444 gelang, Omiš zu erobern. Die kriegerische Vergangenheit von Omiš (16 000 Ew.) ist heute noch sichtbar. Seit der venezianischen Übernahme schützten zwei Festungen die Stadt vor Osmanen. Bis heute thronen *Fortica* und *Mirabella (je 20 Kuna)* über der Altstadt. Fußwege führen hinauf.

ESSEN & TRINKEN

KONOBA MILO

Unter den zahlreichen Restaurants zeichnet sich Milo durch persönlichen Service und gute, dalmatinische Küche aus. *Knezova Kačića 15 | Tel. 021 86 11 85 | €€*

SPORT & SPASS

Traditionsreiche Spektakel halten die Geschichte des Ortes lebendig. Nicht nur findet im Juli ein Wettbewerb der besten Klapa-Chöre Kroatiens *(Festival dalmatinskih klapa)* statt, in der *Piratennacht (Gusarska noć)* Mitte August wird eine spektakuläre Seeschlacht zwischen Venezianern und Piraten aus dem 13. Jh. nachgestellt. Tagsüber Piratenspiele für Kinder.

Spannung pur bietet die Zipline: An einem Drahtseil hängend rast man mit Geschwindigkeiten von bis zu 65 km/h in 150 m Höhe über den Canyon. Anbieter: *Zipline Croatia (ca. 400 Kuna |*

RUND UM OMIŠ

Josipa Pupačića 4 | Omiš | Tel. 095 8 22 22 21 | zipline-croatia.com).

STRÄNDE

Auf beiden Seiten der Cetina-Mündung besitzt Omiš schöne Kies- und sogar Sandstrände, so die sehr flach auslaufende *Velika plaža*, wo Parasailing oder Beachvolleyball angesagt sind.

AUSGEHEN & FEIERN

EOL ROOFTOP BAR
Benannt nach dem mächtigen griechischen Windgott bietet diese junge Panoramabar sowohl Frühstückskaffee als auch DJs, Konzerte und die beste Partystimmung in Omiš. *Tgl. 8–0 Uhr | Fosal ul. 2 | Facebook: eolbar*

18 CETINA-SCHLUCHT
18 km bis Penšići / 30 Min. (Auto)
Das bewaldete Tal ist ein schönes Ziel für Wanderer und Radfahrer. Beliebt sind auch Rafting- oder Kanutouren durch die Schlucht vom Dorf *Penšići* aus. Die Gummiboote erreichen in rund 2 Std. das Ausflugslokal *Radmanove mlinice (Tel. 021 86 20 73 | radmanove-mlinice.hr | €€)*. In der restaurierten Mühle kommen Spezialitäten aus Meer, Fluss und Gebirge auf den Tisch, auch Forellen! Raftingtouren veranstaltet z. B. *Kentona (ca. 230 Kuna | Drage Ivaniševića 15 | kein Tel. | rafting-cetina.com)*. *H5*

Blick auf die Makarska Riviera mit ihrem Beschützer, dem Biokovo-Gipfel Sveti Jure

REGION SPLIT

MAKARSKA-RIVIERA

ⅉ J 5–6 **In engen Serpentinen zieht sich die Küstenstraße an den Flanken des Biokovo-Gebirges um Buchten und Fjorde, vorbei an winzigen Fischerdörfern und den Palmenpromenaden der Badeorte, duftender Macchia und Weingärten.**

Dem Bergzug, der die eisigen Sturmstöße des Bora-Windes abhält, verdankt die ★ *Makarska-Riviera* ihr mildes Klima. Die Inseln Brač, Hvar und Korčula bewahren die Küste vor dem Anbranden der See. Derart von der Natur geschützt, war die Karriere der Riviera als Feriendestination mit modernen Hotelanlagen und vielen Campingplätzen vorgezeichnet.

ZIELE AN DER MAKARSKA-RIVIERA

19 BIOKOVO-GEBIRGE

Das steile, wasserarme Karstgebiet, ein Teil des Dinarischen Gebirgszuges und als Naturpark *(Eintritt 50 Kuna | biokovo.com)* unter Schutz gestellt, wirkt auf den ersten Blick fast vegetationslos. Auf den zweiten aber ist die Flora überraschend vielfältig. Welche besonderen Arten nur hier in der Gegend wachsen, ist im 16,5 ha großen *Botanischen Garten* von *Kotišina* zu sehen (oberhalb des Dorfs, frei zugänglich). Wanderwege durchqueren dichte Wälder aus Buchen und Kiefern, passieren Dolinen oder Höhlen, führen zu alten Steinkirchen und Resten von Festungen. Der höchste Berg des Biokovo ist der *Sv. Jure* (1762 m); eine schmale, ausgesetzte Straße führt zum Gipfel. In etwa zwei Stunden (450 Höhenmeter) lässt er sich von der Berghütte *Dom Vošac* aus besteigen. ⅉ J5–6

20 MAKARSKA

Wie die meisten älteren Siedlungen an der Riviera besitzt Makarska (13 500 Ew.) einen oberen, am Berghang gegründeten, und einen unteren Ortsteil. Längst sind sie zu einem Ferienort zusammengewachsen, dessen Mittelpunkt die belebte Uferpromenade und ihre Verlängerung bilden. Das historische Zentrum breitet sich um den *Trg F. A. Kačića* aus. Hier erhebt sich der Kampanile der Kirche *Sv. Marko* (18. Jh.) dekorativ vor der Felskulisse des Biokovo-Gebirges. Auch einige barocke *Palazzi* wie jene der Familien Ivanišević *(Trg F. A. Kačića)* und Tonoll *(Obala kralja Tomislava 16)* sind erhalten. Im Franziskanerkloster zeigt das *Malakološki muzej (Mo–Sa 10–12, 17–19, So 10–12 Uhr | 15 Kuna | Franjevački put 1)* allerlei Schnecken und Muscheln. Einen Katzensprung weiter siehst du in der Galerie *Imagine Art (Kalalarga 1)* das Meeresleben mit den Augen der Künstlerin Marijeta Lozina.

INSIDER-TIPP Fische im Leinwandmeer

Ein zwei Kilometer langer 🏖 Sand-Kies-Strand säumt die Bucht nördlich des Zentrums. Der bewaldete Park *Osejava* südlich der Altstadt ist eine

MAKARSKA-RIVIERA

Abseits von Ferientrubel und Strandspaß zeigt Makarska noch sein ursprüngliches Gesicht

schattige Oase zum Spazieren oder Joggen. Durch den Wald kommt man auch zum FKK-Strand *Nugal*. Das Angebot sportlicher Aktivitäten wie Parasailing, Windsurfen oder Tauchen ist groß, etwa bei *Parasailing Makarska (Put Cvitačke 2a | Tel. 098 9 63 19 18)* oder dem Tauchcenter *More Sub (K.P. Krešimira 43 | Tel. 021 61 17 27 | more-sub-makarska.hr).*

Viele Restaurants und Tavernen wetteifern mit dalmatinischen Speisen und einer Terrasse zum Meer um Gäste. *Ivo (Ante Starčevića 41 | Tel. 021 61 12 57 | €–€€)* liegt stadteinwärts und kann nicht mit Panorama dienen, dafür ist die Küche deutlich anspruchsvoller. Wer auf den Meerblick nicht verzichten möchte, kehrt bei *Di-Vino (Šetalište F. Tuđmana | Tel. 099 4 10 21 53 | €€€)* ein. Todschick, doch die Preise sind gemessen an Qualität und Lage human. Zum Aperitif oder auf kleine Snacks trifft man sich in der *Wine Bar Grabovac (Trg F.A. Kačića | Tel. 098 9 34 12 26)* bevor man ins Nachtleben zieht, z. B. ins *Deep Makarska (tgl. 9–5 Uhr | Šetalište fra Jure Radića 5a | deep.hr)*, wo in einer genialen Location getanzt wird: einer Höhle mit Blick aufs Meer. J6

NÖRDLICH VON MAKARSKA

Bratuš, knapp 10 km im Norden, wirkt mit seinen alten Steinhäusern und der kleinen Strandbucht wie aus der Zeit gefallen. Direkt am Meer bietet die *Konoba Bratuš (Bratuš 46 | Tel. 021 54 85 48 | €)* freundlichen Service und feine Küche.

Die Silhouette des Ferienorts *Baška Voda* wird vom markanten Biokovo-Gebirge dominiert. Entlang des Kiesstrands reihen sich Bars und Restaurants aneinander. Im *Palac (Obala Sv. Nikole 2 | Tel. 021 62 05 44 | €€)* speist du frische Meeresfrüchte unter Bäumen. Erfahrene Taucher können einen Ausflug zu den mit bunten Korallen bewachsenen *Vruja-Schluchten* mit ihren unterirdischen Süßwasserquellen einplanen, zu buchen z. B. beim *Tauchcenter Poseidon (Blato 13, diving-poseidon.hr)*.

Feinkiesstrände, gastronomisches Angebot und Sportmöglichkeiten sorgen im benachbarten *Brela* für Ferienvergnügen. Ein beliebtes Fotomotiv ist das pinienbestandene Inselchen *Kamen Brela* vor dem Hauptstrand *Dugi rat*, auch als *Punta rata* bekannt. Dieser beliebte Kiesstrand fällt so sanft ins Meer ab, dass auch Kleinkinder ohne Gefahr im Wasser planschen können. Ein Kiefernwäldchen sorgt für Schatten, und in mehreren Cafés gibt's kindgerechte Snacks. In der *Konoba Feral (Obala Kneza Domagoja 30 | Tel. 021 61 89 09 | €€)* serviert man köstliche frische Fischgerichte zu fairen Preisen. J5–6

SÜDLICH VON MAKARSKA

Tučepi, das übergangslos an Makarska anschließt, unterscheidet sich nur wenig vom Hauptort der Riviera. Es besitzt einen berühmten FKK-Strand, den *Nugal Beach*: Steile Felsklippen schützen vor neugierigen Blicken. Rund 45 Minuten bergauf sind's nach *Gornji Tučepi*. In herrlicher Panoramalage liegt hier eine Gourmetoase, das *Restaurant Jeny (Gornji Tučepi 33 | Tel. 091 5 87 80 78 | restaurant-jeny.hr |* *€€€)* mit modern interpretierter dalmatinischer Küche.

Živogošće bewahrt der 1155 m hohe *Sutvid* vor Winden aus dem Landesinneren; das Gebirge rückt so nah an die Küste, dass sich Traumstrände wie *Mala Duba* richtiggehend an die Felsen schmiegen. Unterkunft in Privatzimmern. J6

RUND UM DIE MAKARSKA-RIVIERA

21 BLAUER SEE

35 km von Makarska / 45 Min. ins Landesinnere (Auto)

Wenn du das Meer für einen Trip ins Landesinnere verlässt, belohnt dich ein spezielles Badeerlebnis am Blauen See *(Modro jezero)* nördlich des Zentrums von Imotski. Naja, baden geht im Karstsee nicht immer. Wenn er im Sommer austrocknet, spielen die Einheimischen am Seegrund Fußball. Beeindruckend ist er trotzdem: Bis zu 900 m ragen die Wände der Einsturzdoline bis zur Erdoberfläche auf. Ein befestigter Weg führt hinunter.

Sein Nachbar, der *Rote See (Crveno jezero)*, ist selbst nicht wirklich rot. Er hat seinen Namen von den rötlichen Felswänden, die den See kreisrund wie einen Brunnen einschließen. *Vom Blauen See auf der daran südlich vorbeiführenden Straße ca. 1 km nach Westen fahren.* J5

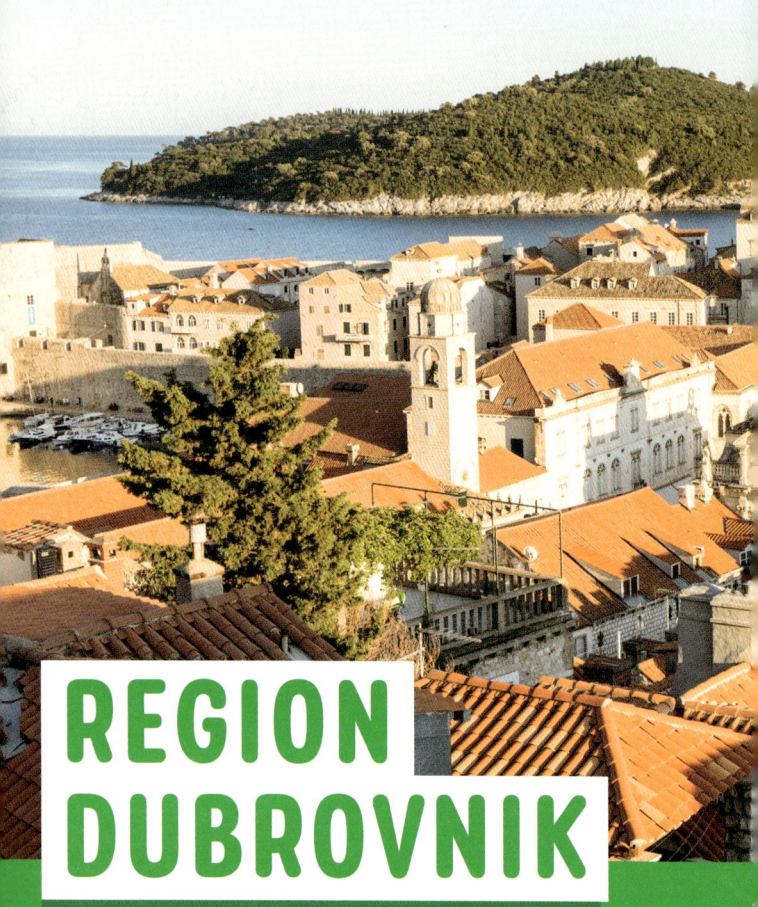

REGION DUBROVNIK

EIN LEBENDES RENAISSANCEGEMÄLDE

Der Duft von Orangen, Rosmarin und Meer, mildes Klima, Spaziergänge durch historische Küstenstädte – so fühlt sich Süddalmatien an.

Als schmaler Landstreifen zieht sich die südlichste Region Kroatiens zwischen den Hängen des Dinarischen Gebirges und der Küste entlang. Im Norden ist sie durch den bosnischen Meerzugang bei Neum vom Rest Dalmatiens abgeschnitten, im Süden grenzt sie an die Republik Montenegro. Dubrovniks imposante Stadtmauer und Wehr-

Blick auf die Altstadt von Dubrovnik und die Insel Lokrum

türme versetzen Reisende aus der ganzen Welt in der Zeit zurück. So reich an Vergangenheit und Temperament wie Dubrovnik selbst ist auch die Inselwelt, die parallel zur Küste aus dem Meer winkt. Folge Odysseus Spuren nach Mljet, durchstreife in Marco Polos Fußstapfen Korčulas Altstadt, koste den Rotwein der Insel Pelješac und nimm schließlich ein Bad in den Buchten der Elaphitischen Inseln zwischen verfallenen Villen und Prunkgärten. Wenn du vor dieser Reise im Herzen noch kein Entdecker warst, bist du es danach ganz bestimmt.

REGION DUBROVNIK

MARCO POLO HIGHLIGHTS

★ **MLJET**
Das romantische Inselchen soll schon Odysseus bezaubert haben ➤ S. 98

★ **KORČULA**
Das Städtchen auf der gleichnamigen Halbinsel beansprucht für sich, Marco Polos Geburtsort zu sein ➤ S. 100

★ **SPONZAPALAST IN DUBROVNIK**
Gotik und Renaissance perfekt kombiniert: zu sehen an diesem zierlichen Stadtpalais ➤ S. 107

★ **ARBORETUM TRSTENO**
Prächtige subtropische Pflanzen, eine Renaissancevilla und ein Hafenpier zum Bewundern, Entspannen und Insglasklare-Meer-Springen ➤ S. 112

★ **STADTMAUER VON DUBROVNIK**
Mächtige Festungen, Türme und Kanonen schützen Dubrovniks fantastisch erhaltene Altstadt ➤ S. 105

PELJEŠAC

J–K 6–7 **Nur ein schmaler Streifen Land macht Pelješac zur Halbinsel. Wie auf dem nahezu parallel im Meer liegenden Korčula leben die Bauern auch hier vorrangig vom Anbau von Wein und Oliven.**

Als Ragusa Pelješac 1333 kaufte, landete es damit einen genialen Coup, denn nun besaß es eine Basis direkt gegenüber von Korčula, das dem gegnerischen Venedig gehörte. Den kostbaren Besitz sicherte es zum Festland hin mit einer sieben Kilometer langen Mauer, versah es zudem mit drei Forts, 41 Türmen, sieben Bastionen, vier Vorwällen und einem Wassergraben – Europas größtem Festungsbauwerk. Damit war nicht nur der Zugang von Land her auf die Halbinsel gesperrt, auch die Salinen vor Veliki Ston, die kostbares Salz lieferten, waren so uneinnehmbar.

Das 65 km lange Pelješac (rund 10 000 Ew.) ist sehr dünn besiedelt. Strände und Ferienorte finden sich vor allem entlang der flachen Nordküste, während die Südküste schroff zum Meer hin abfällt. Von der Hauptstraße verlaufen kühn durch Tunnel geführte und in Fels geschlagene Sträßchen zu winzigen Weinbauerndörfern, wo trotz der steinigen, kargen Böden einer der bekanntesten dalmatinischen Weine, der *Dingač*, gekeltert wird. Frühmorgens kann man hier noch die in Europa seltenen Schakale über die Weinberge streifen sehen. Zu Winzern und Olivenbauern führt dich Erlebnistour 3 (s. S. 128)).

ORTE AUF PELJEŠAC

1 OREBIĆ

Die Stadt (2000 Ew.) am Fuß des fast 1000 m hohen Sv. Ilija blickt stolz auf ihre Geschichte als Standort einer bedeutenden Handelsflotte zurück, zu der im 19. Jh. mehr als 60 Schiffe gehörten. Die Kapitäne steckten ihre Einnahmen in den Bau repräsentativer Villen, in deren Gärten sie exotische Mitbringel von ihren Weltreisen pflanzten. Die Erinnerung an diese Ära hält das *Seefahrtsmuseum (Pomorski muzej) (Mo–Fr 7–20, Sa/So 18–20 Uhr, Winter Mo–Fr 7–15 Uhr | 15 Kuna | Trg Mimbelli)* aufrecht.

Heute wirkt Orebić eher verschlafen, dafür aber umso liebenswerter. Die schönen, flach auslaufenden Feinkiesstrände westlich und nordöstlich des Orts sind für Kinder gut geeignet, besonders beliebt ist der Strand *Trstenica*. Sportliche Naturen schätzen den Thrill, vom gleichmäßig wehenden Maestral angetrieben auf dem Surfbrett durch die Wasserstraße *Pelješki kanal* zu rasen.

Ein Relikt des Kalten Kriegs zwischen den Seemächten Venedig und Ragusa ist das im 15. Jh. errichtete Kloster *Gospa od Anđela (Sommer Mo–Sa 9–12, 16–19 Uhr | 20 Kuna | Celestinov put 6)* auf einer Anhöhe über dem Ort. Von hier aus belauerten Spione Ragusas, was sich gegenüber auf dem venezianischen Korčula abspielte. Ein stimmungsvoller Kreuzgang, das Renaissancerelief Maria mit dem Kinde von Nikola Firentinac und der beschauliche Friedhof mit Kapitänsgräbern lohnen den Besuch.

REGION DUBROVNIK

Im Restaurant *Babilon* (*Đivovićeva 2 | Tel. 020 71 33 52 | €€*) versteht sich der Koch bestens auf die Klassiker der dalmatinischen Küche. Der Blick ist wirklich fantastisch im Restaurant *Panorama* (*nur im Sommer geöffnet, ab 17 Uhr | Celestinov put | kein Tel. | €€*) an dem Sträßchen zum Kloster. Die meisten Gerichte kommen vom Grill. Zentrum der Surfer – ob mit Segel oder Drachen – ist der Nachbarort *Viganj* mit der Wassersportbasis *Water Donkey* (*Tel. 091 1 52 02 58 | windsurfing-kitesurfing-viganj.com*), die neben Surfausrüstung auch Fahrräder (*13 Euro/Tag*) und SUP sowie Kajaks (*je 135 Kuna/Tag*) verleiht. Hier ist der perfekte Ort, um in einem Kurs Windsurfen zu lernen. Auch für sportfreudige Kinder ist der Kanal zwischen Pelješac und Korčula ideal. Kinder bis 13 Jahre können am viertägigen Kurs des *Liberan Windsurfcenters* (*Kinderkurs um 600 Kuna | Ponta | Viganj | liberansurf.eu*) teilnehmen. Nach einem sportlichen Tag kannst du dich in die Relaxzone der Schule legen oder in der Bar *Karmela 2* feiern. *J7*

INSIDER-TIPP
Spring über deinen Windschatten

2 STON

Bei Ston, das aus den beiden Ortsteilen *Veliki* (großes) und *Mali* (kleines) Ston besteht, hängt die Halbinsel Pelješac am Festland wie an einem seidenen Faden – die Landenge ist gerade einmal 1500 m breit. Die im 14. Jh. erbaute *Festungsmauer* (*April/Mai, Aug./Sept. tgl. 8–18.30, Juni/Juli 8–19.30, Okt. 8–17.30, Nov.–März*

Unterwegs an der Küste vor Orebić

8–15 Uhr | 50 Kuna | short.travel/kkd8) umschließt beide Ortsteile und klettert steil über den dazwischen liegenden Hügel. Ein Erdbeben beschädigte 1996 dieses monumentale Bauwerk schwer, inzwischen ist es renoviert und Besucher können 5,5 km der Mauern begehen. Allerdings solltest du dich möglichst nicht in der Mittagshitze auf den Weg machen – es gibt keinen Schatten!

In den *Salinen (Sommer tgl. 10–19, Winter 7–14 Uhr | 15 Kuna | Pelješki put 1 | solanaston.hr)* wird noch immer Salz im traditionellen Verdunstungsverfahren gewonnen. Muscheln und Austern, die in den flachen Gewässern vor Mali Ston gezüchtet werden, landen bei *Bota Šare (Mali Ston | Tel. 020 75 44 82 | bota-sare.hr | €€€)* absolut frisch zubereitet auf dem Teller.

Eine traumhafte Relax-Zone mit feinem Sand und Kies ist die Bucht *Papratno* beim gleichnamigen Campingplatz. 📖 *K7*

RUND UM PELJEŠAC

3 MLJET ⭐

45 Min. mit der Autofähre Prapratno–Sobra

Mljets Geschichte beginnt mit Odysseus, der hier angeblich Kalypso verfiel; Römer und Illyrer folgten und obwohl die Insel weit von der Küste entfernt liegt, ließen sich im 12. Jh. Benediktinermönche aus Apulien nieder. Der westliche Teil Mljets (1100 Ew.) steht als *Nationalpark (Eintritt 70 Kuna, in der Hochsaison 125 Kuna | Pristanište 2 | Goveđari-Mljet | Tel. 020 74 40 41 | np-mljet.hr)* unter Naturschutz. Mit der schroffen Süd- und der buchtenreichen Nordküste bietet das grüne Mljet ein abwechslungsreiches Landschaftsbild. Auch unter Wasser gibt es einiges zu sehen – erst 2017 wurden 150 Amphoren aus dem 1. Jh. entdeckt. Unter einem Netz als Schutz vor Dieben dürfen Taucher die Funde vor Ort bestaunen.

In den Häfen *Sobra*, *Polače* und *Pomena* wie in den anderen Inselorten scheint die Zeit stehen geblieben. Noch ist Mljet ein Ort für Individualisten, die vorrangig in Privatzimmern Unterkunft finden.

Hauptattraktion des Nationalparks im dicht bewaldeten Westen sind die beiden Salzseen *Malo* und *Veliko jezero*, letzterer mit der Klosterinsel der Benediktiner, *Sv. Marija*, zu der Boote übersetzen *(Abfahrt der Schiffe von Pristanište aus oder ab der Brücke Mali most, im Sommer 9–19 Uhr stdl.)*. Die im 12. Jh. errichtete kleine Anlage zeigt sich heute im Stil der Renaissance, in seinen Mauern liegt romantisch das Restaurant *Melita (Otok sv. Marije | Veliko jezero | Tel. 020 74 41 45 | €€)*. Ein kurzer Spaziergang führt um die Insel und zum malerischen Friedhof.

Räder und Boote für eine Rad- oder Kajaktour um bzw. auf den beiden Seen werden an der Brücke *Mali most* bei *Radulj Tours (Tel. 098 42 80 74)* verliehen. Roller bekommt man für 250 Kuna pro Tag bei *Mini Brun (So-*

REGION DUBROVNIK

Für die Mljeter ganz klar: in ihrer Odysseus-Höhle hielt Kalypso den Helden gefangen

bra 33 | Tel. 020 74 50 84 | rent-a-car-scooter-mljet.hr) in *Sobra*. Die Dörfer des Nationalparks sind auch mit einer öffentlichen Buslinie verbunden. Wer gerne wandert, kann von *Polače* aus den Berg *Montokuc* (253 m) besteigen, von dem aus sich ein wunderschöner Blick auf Korčula, Lastovo und Pelješac eröffnet. Dann geht's am Veliko jezero vorbei und über Pristanište zurück nach Polače (ca. 3 Std., deutlich markiert).

Ein Highlight hält sich noch südlich des Nationalparks versteckt: **INSIDER-TIPP Auf Odysseus Irrwegen** die mythische Odysseus-Höhle. Entweder nach einer Bootsfahrt oder einer ca. halbstündigen Wanderung von Babino Polje aus (keine Flip-Flops bitte) springst du über deinen Schatten ins Wasser, um die Höhle schwimmend zu entdecken. Am Vormittag ist das Lichtspiel einzigartig. *K7*

KORČULA

H-J7 **Die knapp 50 km lange Insel (17 000 Ew.) ist als eines der bedeutendsten Anbaugebiete Dalmatiens für Olivenöl und Wein vor allem im östlichen Teil stark landwirtschaftlich geprägt. Im Westen umrahmen Kiefern und Steineichen schmale Felsbuchten. Korčula, die Inselhauptstadt, präsentiert sich als charmante Miniversion Dubrovniks.**

Die lange von Fremdherrschaft geprägte Geschichte ist in den Inselstäd-

KORČULA

ten, besonders in Korčula, lebendig. Ab 1427 bis zur Eroberung durch Napoleons Truppen 1797 war Korčula Venedig untertan. Das entbehrte nicht einer gewissen Spannung, denn die benachbarte Halbinsel *Pelješac* gehörte der Konkurrentin Ragusa – an der 1,3 km schmalen Wasserstraße *Pelješki kanal* direkt vor Korčula-Stadt, durch die heute die Windsurfer flitzen, verlief die Grenze. Die exzellente Qualität der Inselweine wie der fruchtigen weißen *Pošip* und *Grk* sowie des feurigen roten *Plavac Mali* und der hier produzierten Olivenöle kannst du auf der Erlebnistour 3 (s. S. 128) kennenlernen.

ORTE AUF KORČULA

4 KORČULA ★ ⚑

Aus der Vogelperspektive sieht die Stadt auf ihrer ins Meer ragenden Halbinsel aus wie das Vorderdeck eines Schiffes, von Süd nach Nord durchschnitten von der Hauptstraße *Korčulanskog statua*. Von ihr führen im gleichen Abstand aufeinanderfolgende Quergassen links und rechts zum Meer. Als natürliche Klimaanlage lassen sie frische Ost- und Westwinde in die Stadt. Als Korčula (5600 Ew.) im 13. Jh. so vorausschauend angelegt wurde, hatte es bereits eine bewegte Geschichte hinter sich, denn hier siedelten Griechen, Römer und Slawen. Bis heute ist die von Spätmittelalter und Renaissance geprägte Bausubstanz erstaunlich gut erhalten.

Vorbei am *Rathaus* und der *Kapelle Sv. Mihovil* (beide 1525) führt die Hauptstraße sanft bergan bis zum höchsten Punkt, dem *Trg Sv. Marko*. Beherrscht wird der Platz von der im 15. Jh. erbauten *Katedrala Sv. Marka*, deren Portal zwei gotische Löwen bewachen. Im Inneren fügt sich ein frühes Gemälde von Tintoretto mit spätgotischen Steinmetzarbeiten und einem modernen bronzenen Sv. Vlaho von Ivan Meštrović zu einem harmonischen Ganzen.

Neben der Kathedrale bewahrt der im 19. Jh. errichtete *Bischofspalast (Mai–Sept. Mo–Sa 9–19, Okt. 9–14 Uhr | 25 Kuna)* eine reiche Sammlung von Kirchenschätzen und Gemälden. Schräg gegenüber zeigt das *Stadtmuseum (Okt.–März tgl. 10–14, April–Juni tgl. 10–13, Juli–Sept. tgl. 9–21 Uhr | 20 Kuna)* im imposanten *Renaissancepalais Gabrieli* archäologische Funde, maritime Instrumente, den Hausstand einer Familie aus jener Zeit und vieles mehr.

Ein Stückchen weiter die Ismaelli ulica entlang lugt direkt in einem Stadttor die sympathische kleine Kunstgalerie *Vapor Gallery (Mo–Sa 10–22.30, So 13–22.30 Uhr | Kula Morska Vrata)* hervor.

Beim Bummel durch Haupt- und Seitenstraßen wirst du viele weitere Adelspaläste entdecken und sicher auf eine spätgotische Ruine, das *Marco-Polo-Haus (Kuća Marka Pola)*, stoßen. Der Chinareisende soll 1254 hier geboren worden sein, doch nur wenige Argumente, so die Häufigkeit des Familiennamens Dapolo auf Korčula, sprechen dafür. Gezeigt werden nur einige historische Dokumente. Anschaulicher informiert das *Marko Polo muzej (tgl. April, Mai 10–15, Juni–Sept. 9–23, Okt., Nov. 10–15 Uhr | 60 Kuna |*

REGION DUBROVNIK

Die Kathedrale Sv. Marka birgt kunsthistorische Schätze aus verschiedenen Epochen

Plokata 14. travnja 1921): Dioramen und der begleitende Audioguide beleuchten die Stationen in Marco Polos Leben.

Im *Aterina* (Trg Korčulanskih klesara i kipara 1 | Tel. 091 9 86 18 56 | €€€) stellt der sympathische Küchenchef seine Begabung mit modern interpretierten dalmatinischen Gerichten unter Beweis.

INSIDER-TIPP
Triff deinen (Bienen-) Schwarm!

100-prozentig regionale Mitbringsel wie Feigenmarmelade und Honig kaufst du im *Komparak* (Plokata 19 | Tel. 091 4 34 34 13), wo der Eigentümer dir enthusiastisch von seinen Bienen erzählen wird. Besuche in Imkerei, Olivenhain und bei den Tieren sind möglich sowie Degustationen. Führungen auch auf Englisch.

Abends beobachtet man im Restaurant der entspannten Lounge-Bar *Maksimilijan Garden* (Sv. Nikola | Tel. 091 1 70 25 67 | €-€€) den schönsten Sonnenuntergang. *J7*

5 LUMBARDA

Griechische Kolonisten von der Insel Vis gründeten Lumbarda (1200 Ew.) schon im 4. Jh. v. Chr. Im 14./15. Jh. ließen reiche Adlige aus Korčula hier ihre Landsitze errichten – einige dieser Renaissancekastelle lugen heute restauriert zwischen tiefgrünen Weingärten hervor, in denen die Trauben reifen für einen feinen Weißwein mit Namen *Grk*. Der kleine Hafen und das historische Zentrum sind von schönen Badebuchten umgeben, darunter die Bucht *Pržina*, in der ein großer und meist gut besuchter Sandstrand liegt.

KORČULA

Lumbardas Rebenwald: Von hier kommen kroatische Weißweine

Unterkunft findet man vor allem in Privatzimmern und Apartments,. Nachhaltig wirtschaftet die zu einem Agrotourismusbetrieb gehörende *Agroturizam Bire (Tel. 020 71 20 07 | bire.hr)*, deren Weine *(Grk* und *Plavac Mali)* nach strengen ökologischen Kriterien ausgebaut werden. In der *Konoba More (Bilin Zal | Tel. 020 71 20 68 | €€)* isst du Fleisch und Fisch vom Grill sehr romantisch auf der am Meer gelegenen Terrasse.

Bei einem Abstecher in den Ort *Žrnovo* (8 km entfernt) müssen unbedingt die *Žrnovski makaruni* auf den Teller – am besten hausgemachte in der familiär geführten *Konoba Belin (Žrnovo 50 | Reservierung empfohlen: Tel. 091 50 39 2 58 | €€)*.

INSIDER-TIPP Tastbare Pastaware
Selbst rollen kannst du diese regionale Pastaspezialität im Kochkurs der Konoba (180 Kuna pro Person inkl. Essen, auch auf Englisch). Das 400 Jahre alte Gericht wird jeden August mit dem Makarunada-Fest gefeiert. *J7*

6 BLATO
Blatos (4000 Ew.) Wahrzeichen ist seine mehr als einen Kilometer lange Lindenallee. Eine nach allen Seiten offene *Loggia* schmückt den großen Hauptplatz mit der *Pfarrkirche* (14. Jh.), in deren Seitenkapelle die Stadtheilige Sv. Vicenca verehrt wird. An ihrem Patronatstag, dem 28. April, führt die lokale Folkloregruppe den traditionellen Säbeltanz *Kumpanija* vor dem Gotteshaus auf.

Regionale Produkte sind die Basis der leckeren Gerichte, die im lauschigen Innenhof der *Konoba Zlinje (Ulica 85 6/1 | Tel. 020 85 10 50 | €)* serviert werden. Vor allem der fangfrische Fisch ist zu empfehlen! *H7*

REGION DUBROVNIK

7 VELA LUKA

Korčulas zweitgrößte Siedlung (4500 Ew.) öffnet ihren geschützten Hafen nach Westen zum offenen Meer. Von früher mehreren Werften konnte sich nur eine international durchsetzen: Bei *Montmontaža Greben* werden Rettungsboote gefertigt. Das *Kulturzentrum (Centar za kulturu | Sommer Mo–Sa 9–13, 19–22 Uhr | Obala 3 | czkvl.hr | 15 Kuna | ⊙ 1 Std.)* dokumentiert Funde, die in der nahe gelegenen Höhle *Vela spilja* gemacht wurden; die Artefakte reichen bis in die Jungsteinzeit vor mehr als 20 000 Jahren zurück. Nach Absprache im Museum kannst du die rund 2 km entfernte Höhle besichtigen.

Bei der Tauchschule *Croatia Divers (Obala 1 | Tel. 091 2 56 78 04 | croatiadivers.com)* können Kinder bereits ab acht Jahren erste Erfahrungen unter Wasser sammeln. Acht- bis Zehnjährige machen den zweistündigen Schnuppertauchkurs *PADI Bubblemaker (49 Euro)*, bei dem die Kinder 30 Minuten mit Maske und Flasche tauchen. Kinder ab zehn Jahren können am Juniorprogramm mit dem Zertifikat *PADI junior Open Water Diver* teilnehmen.

Die Strände in Stadtnähe sind nicht besonders aufregend; aber ein Badeausflug auf die vorgelagerte Insel *Proizd* ist ein Muss – die türkisblauen Gewässer zählen zu den schönsten Kroatiens. Zu erreichen ist sie mit dem Taxiboot oder mit einem gemieteten Kajak oder Motorboot *(Vela Luka Rent (Kajak 220 Kuna/Tag, Boot ab 350 Kuna/Tag | Tel. 098 9 54 03 88 | velalukarent.com)*. Ein Abendessen mit Muscheln und frischem Fisch in der *Konoba Lučica (Ulica 51 | Tel. 020 81 36 73 | €€)* beschließt den Tag.

RUND UM KORČULA

8 LASTOVO

1,5 Std. Vela Luka – Ubli (Autofähre)

Fast wie am Ende der Welt angekommen fühlt man sich auf der Insel südlich von Korčula: Hübsche Buchten, glasklares Wasser, üppige mediterrane Vegetation, Olivenhaine und drei Siedlungen mit knapp 800 Einwohnern versprechen vor allem Ruhe, Entspannung und wenig Ablenkung. Als Mittelpunkt eines geschützten Archipels von 44 Inselchen ist das Eiland Sitz des *Lastovo-Nationalparks (pp-lastovo.hr)*. Als Tauchrevier ist das Naturschutzgebiet mit seinen Steilwänden und der artenreichen Unterwasserwelt ein absoluter Geheimtipp; Exkursionen unternimmt das *Diving Center Ankora (Zaklopatica 46 | Tel. 020 80 11 70 | lastovo-diving-ankora.com)*.

INSIDER-TIPP: Unentdeckt geniale Unterwasserwelt

Vor allem im Hauptort *Lastovo* sieht man die ortstypischen Schornsteine, deren Größe und Detailreichtum früher den Wohlstand des Hausbesitzers anzeigten. Als schönster Strand gilt *Skrivena luka*, der „versteckte Hafen" an der Südküste. Im gehobenen Hafenrestaurant *Konoba Augusta Insula (Zaklopatica | Tel. 098 57 18 84 |*

augustainsula.com | €€€) werden traditionelle Gerichte mit frischem Fisch und Gemüse aus dem eigenen Garten zubereitet – wer von der Wasserseite kommt, kann praktisch vor dem Tisch andocken. *H-J7*

DUBROVNIK

L7 **Bevor sie die lichte, elegante Schönheit dieser Stadt (42 000 Ew.) in ihren Bann schlägt, müssen Besucher erst verwinkelte Stadttore und wuchtige Bastionen durchschreiten.**

Doch ebendiese komplett erhaltene Stadtmauer trägt wesentlich zur Faszination Dubrovniks bei. Man fühlt sich um Jahrhunderte zurückversetzt in jene Ära, als die damals Ragusa genannte Stadtrepublik Venedig und dem Osmanischen Reich Paroli bot und nie erobert wurde. Oder besser gesagt die Konkurrenten gegeneinander ausspielte. Ragusas Stärke war ein eng geknüpftes Netz weitreichender diplomatischer und Handelsbeziehungen, nicht seine militärische Macht. Die artikulierte sich lediglich in dem Versuch, die Stadt uneinnehmbar zu machen. Selbst Napoleon, der 1806 Ragusas Schätze plünderte, gelang es nicht, die Festungsanlagen zu bezwingen – er wurde kampflos eingelassen. Heute unterwirft sich Dubrovnik ganz dem Tourismus. Mit zwiespältigen Folgen. Einerseits lebt ein Großteil der Einheimischen von den Besuchern, andererseits leidet unter den in der Hochsaison in die Altstadt

REGION DUBROVNIK

strömenden Menschenmassen die Lebensqualität. Und nicht nur diese: Um das Weltkulturerbe zu bewahren, soll auf dringendes Anraten der Unesco der Zugang beschränkt werden. Es wird schwieriger und teurer werden, die „Perle der Adria" zu bewundern. Besichtige die Altstadt am besten in der Nebensaison. Die Stadtverwaltung hat die Zahl der Kreuzfahrtschiffe begrenzt (4000 Kreuzfahrttouristen maximal pro Tag), aber damit du beim Stadtrundgang nicht in den Kreuzfahrt-Ansturm gerätst, kannst du auf *portdubrovnik.hr* die Ankunftszeiten checken.

INSIDER-TIPP: Der Reihe nach

Die Dubrovnik Card *(190 Kuna/Tag | dubrovnikcard.com)* ermöglicht freien oder preisgünstigeren Eintritt in Museen sowie freie Fahrt im öffentlichen Nahverkehr.

SIGHTSEEING

STADTMAUER (GRADSKE ZIDINE) ★

Die 1940 m lange Mauer ließen die Stadtväter im 15./16. Jh. massiv ausbauen. Die besten Baumeister jener Zeit – Juraj Dalmatinac aus Zadar, Michelozzo Michelozzi aus Florenz sowie der Ragusaner Paskoje Miličević – sicherten das Jahrhundertwerk mit fünf Festungen, 16 Türmen, 120 Kanonen und zwei Haupttoren, dem *Pile-Tor* im Westen und dem *Ploče-Tor* im Osten. Auf dem rund zweistündigen Rundgang auf der Mauerkrone bekommst du einen intensiven Eindruck davon, wie die Verteidigungsbauten auf Angreifer gewirkt haben müssen: sie einzunehmen – keine Chance. Von oben eröffnen sich immer neue (Foto-)Perspektiven auf die Altstadt. Der Hauptaufgang befindet sich neben dem Pile-Tor, zwei weitere führen auf Höhe der

WOHIN ZUERST?

Vom **Pile-Tor** im Westen der Altstadt, unweit der Tourist-Info, gelangst du direkt ins historische Zentrum bzw. zum Rundgang auf der Stadtmauer. Ein Parkplatz befindet sich an der **Iza Grada** an der nördlichen Stadtmauer, ein weiterer am **Gradac-Park** westlich der Altstadt. Von der Busstation am Hafen Gruž *(Obala Ivana Pavla II)* fahren Stadtbusse zum Pile-Tor.

DUBROVNIK

Prachtvolle Gebäude anschauen und zwischendurch shoppen – geht am Stradun beides

Kirche *Sv. Luka* und des *Forts Sv. Ivan* auf die Mauer. Rundgang nur entgegen dem Uhrzeigersinn.

Das im 14./15. Jh. errichtete *Fort Sv. Ivan* schützte Ragusas Hafen, heute der „alte Hafen" genannt. Hier kannst du die Wehranlage von innen besichtigen, denn im Erdgeschoss ist ein hübsches *Aquarium (tgl. Mai-Okt. 9-19, Juli/Aug. bis 21 Uhr, Nov.-April Mo-Sa 9-13 Uhr | 60 Kuna)* eingerichtet, das in 20 Becken Flora und Fauna des Mittelmeers präsentiert. In den Räumen darüber breitet das *Maritime Museum (Di-So, Nov.-März 9-16 Uhr, April-Okt. 9-18 Uhr)* die Geschichte der Ragusaner Seefahrt aus.

Die massige Renaissancefestung *Fort Lovrijenac* erhebt sich der westlichen Stadtmauer vorgelagert auf einem 37 m hohen Felssporn. Kommt sie dir bekannt vor? In der US-amerikanischen Fantasyserie „Game of Thrones" fungiert sie als Königsmund, Hauptstadt der Sieben Königslande.

April/Mai und Aug./Sept. tgl. 8-18.30, Juni/Juli 8-19.30, Okt. 8-17.30, Nov.-März 9-15 Uhr | Sammelticket Mauer, Fort Sv. Ivan und Fort Lovrijenac 150 Kuna, Museen kosten extra, Sammelticket 120 Kuna | 1,5 Std.

Nicht weit von Lovrijenac entfernt wurde ein *Love Stories Museum (tgl. 10–18 Uhr | Od Tabakarije 2 | 50 Kuna | lovestoriesmuseum.com)* eingerichtet – touristisch, aber trotzdem zuckersüß und herzerwärmend.

GROSSER ONOFRIOBRUNNEN (VELIKA ONOFRIJEVA FONTANA)

Der 1438 erbaute, vieleckige Brunnen am Pile-Tor wurde mehrmals beschä-

REGION DUBROVNIK

digt und wirkt heute abgesehen von den 16, *Maškeron* genannten Wasserspeiern völlig schmucklos. Er war Endpunkt einer elf Kilometer langen Wasserleitung von einer Karstquelle aus in die Stadt – eine technische Meisterleistung des Baumeisters Onofrio della Cava. Ein weiterer, kleinerer Brunnen versorgte den Marktplatz Luža.

FRANZISKANERKLOSTER (FRANJEVAČKI SAMOSTAN)

Das Kloster am Pile-Tor wurde im 14. Jh. gegründet und 1667 bei einem verheerenden Erdbeben schwer zerstört – doch der fantastische Kreuzgang mit makabren Fabelwesen und Figuren an den Säulenkapitellen blieb fast unbeschädigt. Die Franziskaner betrieben ab 1317 eine Apotheke, die damit zu den ältesten Europas zählt. In ihrer Ausstattung vom Beginn des 20. Jhs. ist sie heute noch im Kloster zu besichtigen. *Sommer tgl. 9–18, Nov.–März 9–17 Uhr | 30 Kuna | Placa 2 | short.travel/kkd6 | 1 Std.*

STRADUN (PLACA)

Die 300 m lange Straße, von den Einheimischen *Placa* genannt, verbindet das Pile-Tor mit dem ehemaligen Marktplatz Luža; ihr Verlauf folgt dem Meeresarm, der die ursprünglich slawische Siedlung Dubrovnik auf dem Festland von dem romanischen Ragusa auf einer vorgelagerten Insel trennte und im 11. Jh. zugeschüttet wurde. Im 17. Jh. bekam die Placa im Zug der Wiederaufbauten nach einem Erdbeben ihr einheitliches Gesicht. Der Rat der Stadt gab strenge Regeln für Geschosshöhe und Aussehen der neuen Bebauung vor. Heute säumen Cafés und Boutiquen die mit Marmorplatten gepflasterte Straße, und abends trifft man sich hier zum Flanieren, zum lebhaften *Korzo*.

SYNAGOGE

Dubrovniks jüdische Gemeinde lebte ab dem 15. Jh. im Getto um die Straße *Žudioska ulica*, die Judengasse. Die schlichte Synagoge ist das einzige Monument, das vom Getto noch erhalten ist. Historische Dokumente und Fotografien erinnern an die jüdische Gemeinschaft, die meisten von ihnen wurden während der faschistischen Besatzung im Zweiten Weltkrieg aus Dubrovnik deportiert. Heute zählt die jüdische Gemeinde nur noch knapp 30 Mitglieder. *Mai–Okt. tgl. 10–20, Winter Mo–Fr 10–15 Uhr | 40 Kuna | Žudioska ulica 5 | 30 Min.*

SPONZAPALAST (PALAČA SPONZA) ★

Die gesamte Altstadtstraße Stradun (Placa) war ursprünglich von Gebäuden im Stil dieses Palazzo gesäumt, venezianische Gotik in den Arkaden des Erdgeschosses und an den Fenstern der ersten Etage und Renaissanceelemente an den Etagen darüber; zierlich, elegant, einfach perfekt. Das Erdbeben 1667 traf auch den als Zollhaus genutzten Sponzapalast, aber die Schäden konnten behoben werden, und so überdauerte dieses wunderbare Beispiel ragusanischer Architektur. Es beherbergt heute das städtische Archiv und einen Gedenkraum für die Opfer der Belagerung

DUBROVNIK

Dubrovniks durch jugoslawische Truppen 1991/92. Nach neun Monaten zählte Dubrovnik 114 zivile Opfer. Ein Großteil der historischen Gebäude wurde wähenddessen zerstört und musste wiederaufgebaut werden, woran die neuen hellroten Dachziegel erinnern. Ebenfalls sehenswert sind die bewegenden Kriegsfotos in der Galerie *War Photo Limited (tgl. 10–22 Uhr | 50 Kuna | Antuninska 6)* wenige Gassen weiter. Dem Sponzapalast gegenüber erhebt sich die 1418 errichtete *Rolandsäule*; der Unterarm des Ritters gab verbindlich die Maßeinheit der Ragusaner Elle (51,2 cm) vor. Den Abschluss nach Osten bildet der 31 m hohe *Uhrturm* (1444) auf dem zwei bronzene Figuren die Stunde schlagen. Ihre Originale sind im Rektorenpalast zu besichtigen. ⊙ *45 Min.*

DOMINIKANERKLOSTER (DOMINIKANSKI SAMOSTAN)

Im Hof wachsen Palmen und Orangenbäumchen – ein idyllischer, friedlicher Ort! Der Konvent im Durchgang zum Ploče-Tor wurde 1225 gegründet und im 16. Jh. mit einem bezaubernden Kreuzgang geschmückt. Sehenswert ist die Gemäldegalerie mit dem berühmten, von Nikola Božidarević Anfang des 16. Jhs. gemalten Triptychon, auf dem der hl. Blasius ein Modell Ragusas in Händen hält. *Mai–Okt. tgl. 9–18, Winter 9–17 Uhr | 30 Kuna | Svetog Dominika 4 |* ⊙ *1 Std.*

REKTORENPALAST (KNEŽEV DVOR)

Obwohl der Palast des Stadtoberhaupts mit seinem typisch ragusanischen Mischstil aus Gotik und Renaissance ins 15. Jh. verweist, stammt er in seiner heutigen Form aus dem 17./18. Jh. Im Erdgeschoss sind Wachkammern und Kerker erhalten. Oben ist die Wohnung des Rektors zu besichtigen, der jeweils nur für einen Monat gewählt wurde und die Räume in dieser Zeit nicht verlassen durfte, damit niemand sein Urteil beeinflussen konnte. *April–Okt. tgl. 9–18, Nov.–März 9–16 Uhr | 80 Kuna | Pred dvorom 1 |* ⊙ *45 Min.*

GUNDULIĆEVA POLJANA

Einer der lebhaftesten und hübschesten Plätze der Altstadt: Hier neben der Kathedrale und zu Füßen des Denkmals für den Ragusaner Dichter Ivan Gundulić (1589-1638) wird jeden Vormittag Markt gehalten; Bauern aus dem Konavle verkaufen Obst, Gemüse, Honig und Dubrovniks Spezialität, kandierte Bitterorangenschalen *(Arancini)*.

ETHNOGRAFISCHES MUSEUM RUPE (ETNOGRAFSKI MUZEJ RUPE)

Mindestens so interessant wie die Sammlung von Kleidung und Werkzeugen der Dubrovniker und ihrer Nachbarn aus dem Konavle-Tal ist das Museumsgebäude selbst, ein im 15. Jh. direkt an der Stadtmauer errichteter, mächtiger Getreidespeicher, in dem Ragusa seine Vorräte lagerte. *April–Okt. tgl. 9–18, Winter Mo–Sa 9–14 Uhr | Sammelticket 120 Kuna, 7 Tage für 8 weitere Museen gültig | Od Rupa 3 | dumus.hr |* ⊙ *1 Std.*

REGION DUBROVNIK

MUSEUM MODERNER KUNST (UMJETNIČKA GALERIJA DUBROVNIK)

Wenige Minuten von der Altstadt entfernt sind in der ehemaligen Residenz einer im Schiffbau reich gewordenen Familie über 3000 moderne, zeitgenössische Kunstwerke zu sehen, darunter welche des dalmatinischen Jugendstil-Malers Vlaho Bukovac. Der Blick von der Skulpturenterrasse auf die Altstadt ist besonders meisterlich. *Tgl. 9–20 Uhr | Sammelticket 120 Kuna, 7 Tage für 8 weitere Museen gültig | Frana Supila 23 | ugdubrovnik.hr |* ⊙ *1,5 Std.*

SRĐ

Oben angekommen, ist die Aussicht, etwa vom Panoramacafé und Restaurant *Nautika (Nov.–März tgl. 9–16, April/Mai/Okt. 9–20, Sept. 9–22, Juni-Aug. 9–24 Uhr | nautikarestaurants.com/panorama-restaurant-bar)* aus unfassbar schön. Der 412 m hohe Berg dient zugleich als Mahnmal für den Jugoslawienkrieg 1991/92. Die im *Fort Imperial* auf seinem Gipfel stationierte Einheit von nur 60 Mann leistete während der Belagerung Dubrovniks Widerstand gegen die übermächtigen Angreifer. Ein *Museum (Winter tgl. 8–16, Sommer 8–18 Uhr | 30 Kuna)* in der Festung erinnert daran. Zu erreichen sind Gipfel und Museum per Auto, mit einer kleinen Wanderung oder mit der modernen *Seilbahn (Nov.–März tgl. 9–16, April/Mai/Okt. 9–20, Sept. 9–22, Juni-Aug. 9–24 Uhr | Berg- und Talfahrt 140 Kuna | Petra Krešimira 4 | dubrovnikcablecar.com) |* 🕮 *L7*

In drei Minuten mit der Bahn auf den Gipfel des Srđ

ESSEN & TRINKEN

FAST FOOD PREŠA

Oase in der teuren Altstadt, wo man günstige und superleckere Sandwiches, Čevapčiči und pikante Pfannkuchen bekommt. *Đorđićeva 2 | €*

NISHTA

Qualitativ gute vegane Küche muss man in Küstenorten leider mit der Lupe suchen – umso mehr begeistern die kreativen Variationen hier, nur wenige Schritte entfernt vom Stradun. Auch Fleischesser werden überzeugt sein. Super: die Brownies. *Prijeko | Tel. 020 32 20 88 | nishtarestaurant.com | €€*

DUBROVNIK

Auf zur Stadtbesichtigung der anderen Art: Dubrovnik auf sich wirken lassen im Kajak

BARBA
Meeresfrüchte und Fisch zu bezahlbaren Preisen? Bei Barba gibt es beides als Streetfood auf die Hand, z. B. als Hamburger mit Oktopus belegt (40 Kuna). *Boškovićeva 5 | Tel. 091 2 05 34 88 | €*

360
Das exquisite Restaurant mit fantastischem Blick auf die Altstadt kombiniert traditionelle mediterrane Küche mit französischer Schule. Unbedingt im Voraus reservieren! *Mo und mittags geschl. | Sv.Dominka bb | Tel. 020 32 22 22 | 360dubrovnik.com | €€€*

STARA LOŽA
Das Restaurant des Hotels *Prijeko Palace* lockt mit feiner Mittelmeerküche in die oberste Etage des Renaissancepalasts. Dort wartet auch eine originelle Tapasbar. *Prijeko 22 | Tel. 020 32 11 45 | €€€*

KAMENICA
Ein Dubrovnik-Klassiker: Am besten vormittags kommen, um Austern und Champagner zu schlürfen (nur deshalb geht man hierher) mit Blick auf den lebhaften Markt. *Gundulićeva poljana 8 | Tel. 020 32 36 82 | €€*

KOPUN
Am Platz vor der Jesuitenkirche wird hier exzellente Küche serviert, darunter auch Spezialitäten aus anderen Regionen wie der namensgebende Kapaun. Ein heißer Tipp für Fans ist das Game-of-Thrones-Menü! *Poljana*

INSIDER-TIPP
Königlich speisen wie ein Lannister

REGION DUBROVNIK

R. Boškovića 7 | Tel. 020 32 39 69 | restaurantkopun.com | €€€

SHOPPEN

Shoppingmeilen sind der *Stradun* und die nach Süden abzweigende *Pred Dvorom* mit vielen Souvenir- und Modegeschäften.

ART BY STJEPKO
Hinter dem Franziskanerkloster versteckt sich das Atelier des preisgekrönten Künstlers Stjepko Mamić. In seinen gemalten, mystisch-phantastischen Visionen fängt er die Seele des Meeres und Dubrovniks ein. *Celestina Medovića 2 | stjepkomamic.com*

KOKULA
Hübsches Kunsthandwerk aus der Region, vieles wurde von dem Familienbetrieb in Hausarbeit hergestellt. *Đorđićeva 6*

CHRISTMAS SHOP NOSTALGIJA
Handgemachte Souvenirs am Weihnachtsbaum sind die neuen Kühlschrankmagnete – wie wär's mit einer rot-weiß-karierten Kugel? *Tgl. 8.30–22 Uhr | Nalješkovićeva 6 und Od Puča 9*

DUBROVAČKA KUĆA
Edle Souvenirs, darunter exzellentes Öl, kroatische Weine und wunderbares Kunsthandwerk. *Od sv. Dominika*

DEŠA
Stickereien, Marmeladen und Honig, hergestellt bzw. verarbeitet von Frauen aus dem Konavle, die der Krieg vertrieben und traumatisiert hat. *Frana Supila 8 | in den Lazareti | desa-dubrovnik.hr*

SPORT & SPASS

KAJAK FAHREN
Im Kajak um die Altstadt paddeln – ein stilles und aussichtsreiches Vergnügen! Startpunkt ist die Bucht unterhalb des *Forts Lovrijenac*. Adventure Dubrovnik *(Dauer ca. 3 Std. | 250 Kuna | Sv. Križa 3 | Tel. 098 53 15 16 | adventuredubrovnik.com)*

ESCAPE ROOM
Rette die Königstadt von „Game of Thrones" oder wühle durch die Ruinen nach Dubrovniks Erdbeben im 17. Jh., um einen verloren geglaubten Schatz zu finden. Das knifflige Rätselspiel ist nicht nur bei Schlechtwetter ein Riesenspaß. *2–5 Personen 185–230 Kuna/Person | Josipa Kosora 22 | Tel. 09 76 44 21 45 | dubrovnikescaperoom.com*

STRÄNDE

In der Nähe der Altstadt liegen die Buchten auf der vorgelagerten Insel *Lokrum* (Kies und Fels) und der Sand-Kies-Strand *Banje* neben den Lazareti (Ploče-Tor). Dort befindet sich auch der *East-West-Beachclub (ew-dubrovnik.com)* mit Luxusliegen (Liege ca. 100 Kuna) und DJ-Musik-Untermalung. Nur wenige Kilometer weiter südlich suchen Einheimische in der kleinen Bucht Sv. Jakov mit Blick auf die Altstadt Erholung. Weitere, teils kostenpflichtige Strände liegen

RUND UM DUBROVNIK

in den Hotelzonen in den Stadtteilen *Lapad* und *Babin Kuk*.

AUSGEHEN & FEIERN

BUŽA I UND BUŽA II
Die beiden Bars auf den Felsen vor der südlichen Stadtmauer sind *die* Institution in Dubrovnik! Es gibt wohl keinen entspannteren Ort für einen Drink mit Blick aufs Meer. Einfach den Hinweisschildern „cold drinks" folgen. *Tgl. 8–2 Uhr*

TROUBADOUR HARD JAZZ CAFÉ
Unter den vielen Café-Bars an diesem Altstadtplatz ist das Troubadour der Klassiker. Früher nur der Jazzgemeinde verpflichtet, hat es sich längst einem breiteren Musikgeschmack geöffnet. *Tgl. 10–2 Uhr | Bunićeva poljana 2*

CULTURE CLUB REVELIN
Live-Gigs kroatischer Popstars und DJ-Partys auf zwei Etagen in der historischen Festung. *Tgl. 23–6 Uhr | Sv. Dominika | am Ploče-Tor | clubrevelin.com*

LAZARETI
Früher wurden hier Pestkranke in Quarantäne genommen. Heute beherbergt der Bau ein Kulturzentrum mit Kunstgalerien und einem Nachtclub. Im historischen Ambiente finden Partys und Livekonzerte jeglicher Musikrichtungen statt. Ein kleines *Festival (lepetitfestival.com)* im Juni bringt im Lazareti verschiedenste Kunstformen zusammen. So einen internationalen Mix aus Theater, Musik, Performance-Art oder sogar einer japanischen Teezeremonie findest du nirgendwo sonst auf einem Fleck – schon gar nicht kostenlos! *Frana Supila 8 | lazareti.com*

INSIDER-TIPP
Petit, aber fein

RUND UM DUBROVNIK

9 LOKRUM
15 Min. mit der Fähre von Dubrovnik
Das Inselchen vor dem Alten Hafen verdankt sein üppiges Grün dem Habsburger Erzherzog Maximilian, der Mitte des 19. Jhs. exotische Bäume und Sträucher pflanzen ließ und Pfauen aussetzte. Heute steht die Insel unter Naturschutz; die vielen schattigen Felsbuchten sind an Sommerwochenenden von Ausflüglern schnell besetzt! Serienfans zieht das in der Benediktinerabtei eingerichtete kleine *Game of Thrones-Museum (tgl. 11–19 Uhr | Eintritt frei)* an. Ergreif die Macht und setz dich für einen glorreichen Moment auf den Eisernen Thron – es ist der originale von den Dreharbeiten! Schiffsverbindung vom Alten Hafen alle 30 bis 60 Minuten. *L8*

10 ARBORETUM TRSTENO ★
18 km / 25 Min. von Dubrovnik
Hier ließ eine Ragusaner Adelsfamilie im 15. Jh. einen bezaubernden Park an ihrem ebenfalls erhaltenen Sommerpalast anlegen. Palmen, Eukalyp-

REGION DUBROVNIK

tus, Lorbeer, Bougainvillea, Eichen und Aleppokiefern umrahmen Villa, Statuen und Wasserspiele. Am Hafenkai legten Schiffe aus Ragusa und anderen Städten an. Heute gehen hier Ausflugsboote vor Anker. Wenn du vorausschauend die Badesachen eingepackt hast, geh vor dieser blühenden Kulisse schwimmen!

INSIDER-TIPP *Planschen im Palastgarten*

Für die Fantasyserie „Game of Thrones" wurden hier die Szenen gedreht, die im Palastgarten der Königsfamilie spielen. *Mai–Okt. tgl. 7–19, Nov.–April 8–16 Uhr | 50 Kuna | Potok 20 | short.travel/kkd7 | ⓧ 30 Min. | ▭ L7*

11 NERETVA-DELTA

65 km / 1 Std. 10 Min. von Dubrovnik bis Neum

Zwischen Neum und Ploče öffnet sich die Küstengebirgskette und lässt Raum für die 280 km lange Neretva, deren Wasser sich an der Mündung in die Adria in ein weites Delta verzweigt. Im „kroatischen Kalifornien" sprießen die Mandarinen an den Bäumen wie in einem gold-grünen Garten Eden. Wenn du selbst die Ärmel hochkrempeln willst, kannst du bei der Mandarinenernte mitpflücken.

INSIDER-TIPP *Vitamin C ganz frisch*

Aus Dubrovnik und Makarska werden Tagesausflüge für fleißige Erntehelfer beworben. Kulinarisch Abenteuerlustige bestellen hier im ehemaligen Sumpfgebiet einen Neretva-Eintopf *(Brudet)* mit Fröschen und Aalen im Restaurant *Đuđa i Mate* *(Vid | Tel. 020 68 75 00 | djudjai mate.hr | €€). ▭ K6*

ELAPHITI-SCHE INSELN

▭ *L7* 13 Inseln, davon drei bewohnte, reihen sich vor der Küste Süddalmatiens aneinander. Hirschinseln, nach *Elaphos*, der Hirsch, nannten sie die griechischen Seefahrer, die an der Küste Handel trieben. *Koločep*, *Lopud* und *Šipan* ziehen vor allem Individualisten an mit üppigem Grün, winzigen Inselstädtchen und einsamen Badebuchten.

Zu Ragusas Blütezeit ließen sich wohlhabende Reeder und Adlige aus dem Stadtstaat Paläste und Burgen auf den Inseln errichten. Die meisten sind verfallen, doch die erhaltenen Beispiele

Logenplatz auf Fels: Buža Bar

ELAPHITISCHE INSELN

beeindrucken. Wer Ruhe sucht und gerne auf einsamen Wegen wandert, ist auf den weitgehend autofreien Elaphiten am richtigen Ort.

ZIELE IM ELAPHITEN-ARCHIPEL

12 KOLOČEP

Das 2,4 km² große Koločep ist unter den drei bewohnten Elaphiten die touristisch am weitesten entwickelte Insel; allerdings finden die zumeist englischen Feriengäste vorrangig in Ferienwohnungen und von Privatleuten vermieteten Apartments Unterkunft. Zwischen den beiden Orten Gornje Čelo und Donje Čelo schlängelt sich ein hübscher, ca. drei Kilometer langer Spazierweg durch Olivenhaine und Kiefernwälder. Die Natur wuchert weitgehend ungebändigt, an vielen Orten sind noch Spuren der alten Ragusaner Gartenanlagen sowie von verfallenen Villen zu entdecken. Schön ist auch der Weg entlang der schroffen Nordwestküste, der immer neue, faszinierende Ausblicke eröffnet. Auf der Terrasse des bezaubernden Restaurants *Villa Ruža (nur Mai–Sept. | Donje Čelo | Tel. 020 75 70 30 | villa-ruza.com | €€)* erleben Gäste eine traumhafte Stimmung bei Sonnenuntergang. ᗌ L7

13 LOPUD

Das Städtchen Lopud im Westen, wo das Fährschiff anlegt, empfängt seine Besucher mit einem malerischen, von Kloster, Palästen und alten Kapitänshäusern gesäumten Hafenoval. Der Konvent der Franziskaner wird seit

Šipan ist ein beliebtes Tagesausflugsziel

REGION DUBROVNIK

Jahren renoviert, doch der ehemalige Rektorenpalast und der von einem Palmengarten umgebene Palast der Familie Đorđić-Mayneri präsentieren sich in melancholischem Verfall. Kontrastreich erhebt sich dazwischen die Installation „Your black horizon" des isländischen Künstlers Olafur Eliasson *(Mitte Mai–Sept. tgl. 10–19 Uhr | Eintritt frei)*.

Ein hübscher Spazierweg führt vorbei am Hotel Lafodia zum Kap Benešin rat und einem Pavillon mit Blick auf die Nachbarinsel Šipan. Mit Burgenbauen am Sandstrand statt Kies und Badeschuhen ist der flache Sandstrand *Šunj* an der Nordostküste kind- und familiengerecht. Rund 20 Minuten wandert man quer über die Insel bis zum Strand mit Sonnenschirmverleih und kleinem Imbissstand. *L7*

14 ŠIPAN

Eine vielseitige Insel für Entdecker: Mit 16 km² ist Šipan die größte und einwohnerreichste (500 Ew.) Insel der Elaphiten. Früher beherbergte Šipan Ragusaner Adel, wohlhabende Reeder, doch so gut wie alle der 60 Villen und Palazzi sind verfallen, ebenso wie die vielen altkroatischen Kapellen, die von einer frühen slawischen Besiedlung zeugen. Ihre Ruinen verschwinden unter wucherndem Grün. Die beiden Orte Šipanska Luka (Ost) und Suđurađ (West) verbindet ein fruchtbares Karsttal, in dem die Bauern intensiv Landwirtschaft betreiben. Durch dieses Tal fährt der Inselbus, abgestimmt auf die Ankunftszeiten der Fähre. Weite Strandbuchten wie auf Lopud gibt es auf Šipan nicht – man geht an der Küste entlang zu kleinen Felsbuchten oder springt von den Felsen ins Meer.

Eine Vorstellung von der einstigen Pracht gewinnt man in Suđurađ angesichts des restaurierten Landsitzes der Familie Stjepović-Skočibuha aus dem 16. Jh. Leider kann die Villa nur im Rahmen einer organisierten Ausflugsfahrt von Dubrovnik aus besichtigt werden. Für das Entgangene tröstet das Lokal *Tri Sestre (Mai–Sept. | Suđurađ 1C | Tel. 020 75 80 87 | €€€)* mit fangfrischen Fischspezialitäten und charmantem Service.

Entweder mit dem Inselbus oder nach einem einstündigen Spaziergang erreichen Sie *Šipanska Luka* in einer tief eingeschnittenen Bucht, dessen Mittelpunkt ein schöner, von Cafés gesäumter Park bildet. Nicht nur Skipper laufen hier gerne das *Kod Marka (Mai–Sept. | Tel. 020 75 80 07 | €€€)* an. Was genau es zu essen gibt, verrät der Chef nicht, aber sicher ist, was er serviert wird lecker sein. Im *Hotel Šipan (hotel-sipan.de)* kann man Kajaks und Mountainbikes leihen. *L7*

CAVTAT

M8 **Einen Katzensprung von Dubrovnik entfernt findet dieses ruhige Städtchen (2100 Ew.) eine Balance zwischen Tradition und Moderne. Mit Kolo und Klapa bleibt die Folklore quicklebendig, während an der Küste protzige Yachten anlegen. Neben der Altstadtkulisse, die lokalen Künstlern**

CAVTAT

Vom Bootsparkplatz direkt ins Restaurant: an Cavtats Promenade

als Inspiration dient, ist die Bucht für ihre ruhigen, bewaldeten Kiesstrände bekannt.

Bereits im 3. Jh. befand sich an dieser Stelle eine römische Siedlung. Archäologen vermuten, dass sich an dieser Bucht bereits zuvor die Griechen niedergelassen hatten. Das antike Epidaurus versank jedoch im 7. Jh. in den Wirren der Völkerwanderung, aber seinen Bewohnern gelang es, sich rund 20 km nach Norden auf eine Insel zu flüchten, die zur Keimzelle der Stadtrepublik Ragusa – dem späteren Dubrovnik – werden sollte. Von Ragusa aus wurde Cavtat im 14./15. Jh. wiederbesiedelt – kein Wunder also, dass vieles hier an die größere Schwester erinnert.

Der nördliche Arm der Bucht von Cavtat, die Halbinsel Rat, greift wie eine Hummerschere geformt weit ins Meer hinein. Dicht mit mediterraner Vegetation bewachsen, lädt sie zu Spaziergängen im Schatten von Kiefern und Zypressen und zu einem Bad in einer der vielen zauberhaften Buchten ein. Am höchsten Punkt der Halbinsel, dem Gipfel Sv. Rok, staffeln sich dekorativ Grabsteine aus verschiedenen Epochen auf dem Friedhof rund um das auffällige Račić-Mausoleum.

SIGHTSEEING

ALTSTADT

Von der palmenbestandenen Uferpromenade klettert die Altstadt einen Hügel bergan. Dem Meer zugewandt präsentiert sich die Pfarrkirche *Sv. Nikola*, deren kostbare Ausstattung in der *Pinakothek (Juni–Okt. Mo–Sa 10–*

13, 16–19 Uhr | 15 Kuna) daneben aufbewahrt wird. Wenige Schritte weiter ist der *Rektorenpalast (Knežev dvor)* in einem Architekturmix aus Gotik und Renaissance zu sehen – eine kleinere Kopie des Dubrovniker Vorbilds. Hier findest du auch die Sammlung des Gelehrten Baltazar Bogišić *(Mo–Sa 9.30–13.30 Uhr, Eintritt 25 Kuna)* mit archäologischen Fundstücken und einer permanenten Kunstausstellung – darunter das bunte Gemälde „Karneval in Cavtat" des hier geborenen Jugendstilmalers Vlaho Bukovac (1855–1922). Der verewigte Sommerkarneval wird fast hundert Jahre später noch immer gefeiert. Über den Maler selbst lernst du etwas wenige Gassen weiter in der *Kuča Bukovac (Mo–Sa 9–18, So 9–14 Uhr | 30 Kuna | Bukovčeva 5 | kuca-bukovac.hr |* ⊙ *45 Min.)*. Sein Haus mit der Originaleinrichtung und die Anlage an sich mit dem hinter hohen Mauern verborgenen Ziorgarten vermitteln ein anschauliches Bild vom großbürgerlichen Leben. Kirche und Kloster *Gospe od snijega* aus dem 15. Jh. *(tgl. 7–21 Uhr, Šetalište Rat 2)* bieten einen friedlichen Rückzugsort.

RAČIĆ-MAUSOLEUM

Geburt, Leben und Tod soll das hoch über Cavtat thronende, marmorweiße Mausoleum der Familie Račić symbolisieren, das Kroatiens Meisterbildhauer Ivan Meštrović 1922 für eine Dubrovniker Reederfamilie errichtete. Einem antiken Tempel nachempfunden und von Karyatiden bewacht, beherrscht das monumentale Grabmal den Friedhof des Städtchens. *Mo–Sa 10–17 Uhr | 20 Kuna |* ⊙ *15 Min.*

ESSEN & TRINKEN

KONOBA KOLONA

Schwertfisch-Carpaccio, Muscheln *buzara* oder Auberginentatar? Moderne Gerichte bereichern die traditionelle dalmatinische Küche. Die Meerestiere sind garantiert frisch, denn der Chef fischt selbst. *Put Tihe 2 | Tel. 020 47 82 69 | €€*

BUGENVILA

Die Edelspeisen des Restaurants an der Riva können als Kunstwerke bezeichnet werden. Wer tief in die Geldbörse greifen kann, probiert sich durch das Degustationsmenü. *Obala Dr. A. Starčevića 9 | Tel. 020 47 99 49 | bugenvila.eu | €€€*

ROKOTIN

Strandrestaurants bieten nur mittelschlechtes Fast Food? Hier wirst du eines Besseren belehrt. Von der erhöhten Terrasse unter Pinien gibt es einen tollen Blick auf die Bucht. Gegrillte Köstlichkeiten aus dem Meer und hausgemachte Kuchen – probieren! *Kljucice b.b. | Tel. 020 47 83 24 | €€*

> **INSIDER-TIPP**
> Thunfischsteak auf der Steinterrasse

SPORT & SPASS

Die Fracht eines vor Cavtat gesunkenen griechischen Handelsschiffs ist das Taucherhighlight! Die antiken Amphoren sind mit einem Käfig vor Diebstahl geschützt. Die Instruktoren vom Tauchcenter *Epidaurum (Šetalište Žal | beim Hotel Epidaurum | Tel. 020*

RUND UM CAVTAT

47 13 86 | epidaurum.com) haben einen Schlüssel und lassen Taucher ganz nah ran.

STRÄNDE

Beliebt ist der Strand *Kamen mali* auf der Halbinsel Rat (10 Min. Fußweg von der Altstadt), eine idyllische Felsbucht mit kleiner, romantischer Bar. Noch ein Geheimtipp ist der 13 km südöstlich gelegene Strand *Pasjača* beim Dorf Popovići, eine Feinkiesbucht am Fuß 250 m hoher, steil aufsteigender Felsen.

AUSGEHEN & FEIERN

Einen knallfarbenen Cocktail schlürfen und seine Tanzkünste zu zeigen ist in mehreren Bars an der Riva möglich. Verabschiede die Sonnenstrahlen auf den entspannenden Couches der *Eve Lounge Bar (Šetaliste Zal 2)*. Die *Beach Bar Cool (Put Tihe 24)* übergibt am Wochenende oft einem DJ das Pult, und von der beliebten Holzterrasse der *Beach Bar Little Star (Kupalište Kamen Mali)* kann man direkt ins Wasser springen.

RUND UM CAVTAT

15 ĐUROVIĆA-HÖHLE
7 km von Cavtat/ 10 Min. (Auto)
Falls du am Flughafen Čilipi ankommst, kannst du gleich unterirdisch weiterreisen. Direkt unter der Landebahn liegt nämlich ein Naturschatz: In der 200 m langen Karsthöhle „Skycellar" gibt es nicht nur Tropfsteine, sondern auch ein Museum über Weine der Konavle-Region zu entdecken! *Zur Zeit des Redaktionsschlusses geschlossen wegen Bauarbeiten am Flughafen. Die Höhle soll 2020 wieder für Besucher offen sein.* Tel. 020 77 33 31 | short.travel/kkd14 | M8

16 ČILIPI UND DAS KONAVLE-TAL
8 km von Cavtat / 11 Min. (Auto)
Čilipi ist der Hauptort des Konavle-Tals, das sich von Cavtat aus immer schmaler werden rund 25 km nach Süden erstreckt. Nach Osten geschützt durch den bis zu 1234 m hohen Gebirgszug der Sniježnica, ist die grüne Oase ein landwirtschaftlicher Segen inmitten der kargen Karstlandschaft Süddalmatiens – umso dramatischer waren die Folgen der Besetzung durch serbische und montenegrinische Truppen im Jugoslawienkrieg 1991/1992. Damals wurde der Landstrich verwüstet; die meisten der rund 10 000 Einwohner flohen nach Dubrovnik. Heute hat sich die Region erholt.

Čilipi besitzt zwei Attraktionen: Jeden Sonntag zwischen Ostern und Oktober führt die lokale Folkloregruppe *Lindo* nach dem Kirchgang um 11.15 Uhr vor dem Gotteshaus die traditionellen Tänze und Lieder des Konavle vor *(60 Kuna inkl. Eintritt ins Museum)*, begleitet von einem kleinen Markt, auf dem lokales Kunsthandwerk, darunter schöne Stickereien, verkauft wird. Eben diese wunderbaren Seidenstickereien auf Trachten, Hausrat und Ta-

REGION DUBROVNIK

Abendprogramm an Cavtats Küstenlinie: der Sonne beim Versinken zusehen

schen sind auch Thema der Ausstellung im *Heimatmuseum (Zavičajni muzej Konavla) (Di–Sa 9–16, So 9–13 Uhr | 25 Kuna | Beroje 49)*. Den Ausflug ins bäuerliche Hinterland könnte ein üppiges Essen im Ausflugslokal *Vinica (Pridvorje | Tel. 099 2 15 24 59 | konobavinica.com | €)* beschließen. Hier kann man in fantastischer Atmosphäre speisen, unter einer Steinbrücke direkt über fließendem Wasser. Nach Voranmeldung gibt's Lamm aus der *Peka*, doch auch die anderen Fleisch- und Fischgerichte vom Grill schmecken hervorragend. *M8*

17 FESTUNG SOKOL
25 km / 29 Min. von Cavtat
Südöstlich von Čilipi scheint die erhabene „Falkenstadt"-Festung *Sokol grad* aus dem 14. Jh. regelrecht aus deinem Felsen zu wachsen. Gebaut auf illyrischen und römischen Überresten, war sie zur Zeit der Dubrovniker Republik die größte Festung und wegen ihrer Lage am Gebirgspass von strategischer Bedeutung. Von hier siehst du über das gesamte Konavle/Tal. Hals- und Beinbruch auf den steilen Stufen! *Dunave | April/Mai 10–17, Mai–Okt. 10–19, Nov. 10–16 Uhr | 70 Kuna | M 8*

INSIDER-TIPP: Falkenblick vom Burgfelsen

Fünf Minuten Autofahrt entfernt liegen um die Kirche Sv. Barbara in Dubravka die mittelalterlichen slawischen Grabsteine, *Stećci,* verteilt. Von der Unesco werden diese bereits geschützt, nur die touristische Infrastruktur muss nachziehen (gemeint sind natürlich Toiletten).

ERLEBNIS TOUREN

Lust, die Besonderheiten der Region zu entdecken? Dann sind die Erlebnistouren genau das Richtige für dich! Ganz einfach wird es mit der MARCO POLO Touren-App: Die Tour über den QR-Code aufs Smartphone laden – und auch offline die perfekte Orientierung haben.

❶ VIS' VERBORGENE SCHÄTZE

- ➤ In die Pedale treten und Inselidylle erleben
- ➤ Titos Top-Secret-Höhle erkunden
- ➤ Traumbucht zwischen hohen Klippen

📍	Vis	🏁	Vis
↻	Strecke: 58 km	🚲	1 Tag, reine Fahrzeit 6,5 Stunden
📶	schwer	↗	Höhenmeter: 1100 m

ℹ️ Ein Rad kannst du beispielsweise beim Fahrzeugverleih *Vis Special (Korzo 33 | Tel. 098 9 29 08 35 | vis-special.com)* in Vis mieten. Auf der Tour sind mehrere steile Anstiege und Gefällstrecken zu überwinden.

In Splits Hafen

MIT DEM RAD BERGAUF UND BERGAB

Los geht's im Städtchen ❶ Vis ➤ S. 85. Die ersten 6 km führen *auf der Straße 117 stetig ansteigend nach Westen*. Du radelst in friedlicher Gebirgskulisse durch ein Tal und vorbei an Sv. Mihovil, die vorromanische Kirche ist *auf 385 m höchster Punkt der Route*. Danach geht es *in steilen Serpentinen bergab ans Meer und nach Komiža* ➤ S. 86, wo du dir einen Eiscafé im Café ❷ Fabrika *(Riva Sv. Mikule)* wirklich verdient hast.

Nach 500 m auf der 117 zurück bergauf, zweigt die Straße nach Südosten ab, steigt weiter an und umfährt den höchsten Inselberg Hum (587 m). Nach 7 km weisen Schilder in Podšpilje auf die Tito-Höhle hin. Zum Höhleneingang sind es *von hier noch 700 m nach Norden und an der Kreuzung bei Žena Glava weitere 600 m nach Westen*, wo du im Weiler Borovik die Stufen erspähst, die zum Eingang der ❸ Titova špilja (Tito-Höhle) führen. Der Partisanenführer Josip Broz Tito hatte die letzten Monate des Zweiten Weltkriegs hier sein militärisches Hauptquartier. Nachdem du die Höhle auf eigene Faust erkundet hast, *kehrst du zur Kreuzung zurück und radelst wenige Meter weiter* zum Mittagessen in der ❹ Konoba Pol Murvu *(Tel. 021 71 51 17 | €–€€)* in Žena Glava.

❶ Vis
10 km   1 Std. 10 Min.

❷ Fabrika
11 km   2 Std.

❸ Titova špilja
2 km   17 Min.

❹ Konoba Pol Murvu
6 km   50 Min.

SCHÄTZE IN GRÜN UND SILBER

Zurück auf der Hauptroute 117 fährst du oberhalb der Küste nach Osten. In der Nähe von Plisko Polje, 4 km von Podšpilje, biegst du ab nach Marinje Zemlje 1,5 km weiter nach Südwesten, dann geht es zu Fuß ca. 20 Minuten steil zur ❺ Uvala Stiniva *hinunter:* Zwischen imposanten Felswänden, die nur ein kleines Tor zum Meer offen lassen, ist ein wunderschöner Strand versteckt – Badepause!

INSIDER-TIPP
Meer aus hellem Türkis

❺ Uvala Stiniva
7,5 km   25 Min.

Zurück in Plisko Polje folgst du rund 1,5 km der Hauptstraße nach Osten und biegst rechts auf eine Straße ab, die bergab nach ❻ Rukavac *führt. In dem Örtchen an einer von Grün eingerahmten Bucht machst du eine Bootstour zur* ❼ Insel Ravnik *mit der* Grünen Höhle (Zelena špilja), *die vom einstrahlenden Sonnenlicht türkisgrün gefärbt wird. Wieder auf Vis besuchst du einen weiteren schönen Strand, jenen in der* ❽ Uvala Srebrna, *der Silberbucht, westlich von Rukavac.*

❻ Rukavac
1,5 km   20 Min. per Boot

❼ Insel Ravnik
2,5 km
35 Min. Boot, 10 Min. Rad

❽ Uvala Srebrna
7,5 km   35 Min.

MAL DIE FÜSSE IN DEN SAND STRECKEN

Wieder zurück am Weiler Podstražje, führt die Route auf der Straße ca. 5 km nach Osten bis zur Abzweigung einer unbefestigten Piste, biegt hier nach rechts und nun heißt es dem Weg weitere 2,5 km folgen bis zur ❾ Stončica-

❾ Stončica-Bucht
9 km   45 Min.

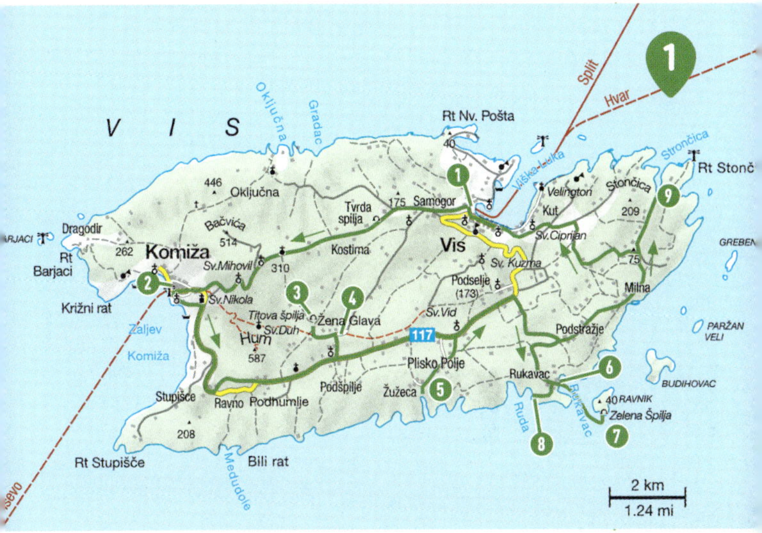

ERLEBNISTOUREN

Bucht. Hier wartet Sand- statt Kieselstrand. *Vom Parkplatz führt ein Fußweg hinunter*; Imbiss und Getränke bekommst du in der einfachen **Konoba Stončica** *(Tel. 021 71 16 69 | €). Von Stončica die Piste zurück und auf dem Sträßchen nach Osten sind es insgesamt ca. 9 km, bis du wieder* ❶ **Vis** *erreichst.*

❶ Vis

Zur Stiniva-Bucht führt eine Wanderung – oder eine Bootstour

❷ VON ZADAR ZU NATURSPEKTAKELN IM HINTERLAND

- ➤ Felsen erklettern mit Meerblick
- ➤ Badeparadies unter einem Wasserfall
- ➤ Durch Jahrtausende an Geschichte schlendern

📍 Zadar	🏁 Šibenik
➜ Strecke: 490 km	🚗 5 Tage, reine Fahrzeit 7 Stunden

ℹ Mitnehmen: Wanderschuhe, Zelt, Badesachen, Proviant für die Fahrt nach Plitvice (kaum Einkaufsmöglichkeiten) Den ❻ **Nationalpark Plitvicer Seen** möglichst frühmorgens (öffnet im Sommer um 7 Uhr) besuchen, bevor die Touristenbusse eintreffen!

TAG 1
- ❶ Zadar
  - 21 km 25 Min.
- ❷ Sv. Križ
  - 6 km 12 Min.
- ❸ Kraljičina plaža
  - 52 km 60 Min.
- ❹ Starigrad-Paklenica
  - 16 km 21 Min.
- ❺ Camp Vrata Velebita
  - 18 km 25 Min.

TAG 2
- ❻ Nationalpark Paklenica
  - 165 km 2 Std.

VON WELLENMUSIK BIS SCHLAMMBAD

In ❶ Zadar ➤ S. 42 schlenderst du für ein nautisches „Konzert" erst mal zur Meeresorgel ➤ S. 44. Dann nimmst du dir Zeit für die Kirche Sv. Donat ➤ S. 43, bevor du die Stadt *auf der 306 nach Norden* verlässt und in Nin (km 16) die „kleinste Kathedrale der Welt", das Kirchlein ❷ Sv. Križ besichtigst. Danach steht eine gratis Wellnesskur in der Sandlagune ❸ Kraljičina plaža ➤ S. 48 an. Wieder sauber und trocken *kehrst du nach Südosten zurück und biegst an der Kreuzung mit der E65 auf die Adriamagistrale in Richtung Rijeka ein.* Über die Maslenica-Brücke führt die Route nach ❹ Starigrad-Paklenica, das ganz im Zeichen des Nationalparktourismus steht. Dein Zelt schlägst du im ❺ Camp Vrata Velebita *(vratavelebita.com)* auf, *auf der E 65 nördlich*.

ENTDECKE DIE BERGGÄMSE IN DIR

An Tag zwei geht's früh *zurück über Starigrad zum Haupteingang des* ❻ Nationalparks Paklenica ➤ S. 48, das gebirgige Topziel für Aktivurlauber. Die Hauptattraktion in den beiden Canyons sind die Freeclimber, die wie bunte Spinnen in den Felswänden hängen. Ob Profi

ERLEBNISTOUREN

oder bloß neugierig, für jeden ist eine Kletterroute vorhanden. Der teils leicht, teils steil ansteigende Wanderweg führt (2 Std.) durch die Schlucht Velika Paklenica, vorbei an mehreren Mühlen bis zur Hütte Lugarnica *(Juni–Sept. tgl. 10.30–16.30 Uhr)*, wo einfache Speisen und Getränke zu bekommen sind. *Auf dem gleichen Weg gelangst du wieder zum Parkeingang* und übernachtest ein weiteres Mal im Camp Vrata Velebita.

TÜRKISFARBENE SEEN

Zum nächsten Ziel *kehrst du auf der E65 zur Maslenica-Brücke zurück und biegst auf die mautpflichtige A1 in Richtung Karlovac und Zagreb ab, die du an der Ausfahrt 13 Gornja Ploča nach 48 km wieder verlässt.* Über Udbina und Korenica durchquert die Bundesstraße D1 die steinige Landschaft der Krajina. Wie eine Fata Mor-

TAG 3

Wasserfälle der Superlative im Nationalpark Plitvicer Seen

❼ Nationalpark Plitvicer Seen

187 km 2 Std.

gana erscheint im Vergleich beim *50 km weiter erreichten Haupteingang das leuchtende Grün im 200 km² großen Gebiet des* ❼ Nationalparks Plitvicer Seen ➤ S.49, in dem rauschende Wasserfälle 16 übereinanderliegende Seen verbinden. Auf dem Rundweg spazierst du in jeweils zwei Stunden an den oberen bzw. den unteren Seen entlang und legst im Bistro Kozjačka Draga am Kozjak-See eine Kaffeepause ein. Schäfchen zählen kannst du an diesem Abend im Hotel Jezero (jezero-hotel-plitvice-lakes.hotel-ds.com) zurück am Haupteingang.

DIE SCHÖNSTE NATURDUSCHE

TAG 4

Auf dem gleichen Weg kehrst du zurück, fährst aber auf der D1 weiter über Gračac (67 km) in Richtung Knin (weitere knapp 50 km), wo der Fluss Krka seine Bahn zieht. Zwischen den Ortschaften Kninsko Polje und Skradin stehen 45 km seines Laufs unter Naturschutz. Zum Teil am Fluss entlang, oft aber auch in einiger Entfernung, gelangst du *auf den Straßen 59 (34 km) und 56 (16 km) nach Skradin,* dem Startpunkt in den

❽ Nationalpark Krka

❽ Nationalpark Krka ➤ S. 62. Bei einem Spaziergang

Ein Stück traditionelles Dalmatien erleben im Ethnodorf des Resorts Amadria Park

ERLEBNISTOUREN

auf den ausgebauten Holzpfaden siehst du den Fluss über moosbewachsene Kaskaden ins Tal stürzen. **Skradinski buk** heißt der bekannteste Wasserfall – eine der phantastischsten Badekulissen des ganzen Landes. Pack deine Badesachen aus – duschen unter schäumenden Kaskaden steht an. In einem kleinen **Trachtenmuseum** kannst du die Lieblingsschürze einer dalmatinischen Uroma und alles Mögliche aus dem Alltag von früSiher sehen. Hier gibt's auch etwas Einfaches zu Essen. *Zurück im Fischerort Skradin* übernachtest du am besten im Mittelklassehotel ❾ **Skradinski buk** *(skradinskibuk.hr)*.

7 km   50 Min.

❾ **Skradinski buk**

20 km   25 Min.

TAG 5

⑩ Šibenik

ALTE BAUKUNST IN EINER FESTIVALSTADT

Am nächsten Morgen führt die Tour über *die D56 nach Südosten und über die D33 nach Südwesten* zurück in eine Stadt, nach ⑩ Šibenik ➤ S. 58. Nach so viel Natur bietet die Altstadt mit ihren außergewöhnlichen Baudenkmälern und einem Stopp in der schicken Weinbar Vino i Ino ➤ S. 60 Aufregendes für alle Sinne. Gönn schließlich deinen sightseeing-müden Beinen einen Tag (oder mehrere?) Erholung am Strand und in einem der Hotels des Resorts Amadria Park *(amadriapark.com),* einer Anlage auf einer Halbinsel mit schönen Stränden.

❸ ZU BESUCH BEI WINZERN UND OLIVENBAUERN

- ➤ Hautnah erfahren, wie das flüssige Gold hergestellt wird
- ➤ Mit dem Mountainbike durch die Weinbaukulisse
- ➤ Ein Glas Rotwein direkt vom Winzer

📍 Split

🏁 Ston

➡ Strecke: 210 km

🚗 4 Tage, reine Fahrzeit 4 Stunden

ℹ Mitnehmen: Badesachen
Weinverkostung, Unterkunft und Radtour mit Mario Bartulović *(tours@bartul.com)* rechtzeitig reservieren!

TAG 1

① Split

79 km 3,5 Std.

② Uljara Zlokić

DIE MODEFARBE HIER IST OLIVGRÜN

Startschuss für die Schlemmerei, natürlich ist exquisite Delikatessenverkostung gemeint, ist gegen 10 Uhr morgens in ① Split ➤ S. 71. *Die Autofähre 604* der Jadrolinija *(jadrolinija.hr)* tuckert knapp drei Stunden nach Vela Luka auf Korčula, dem früheren Ausfuhrhafen für die auf der Insel produzierten Weine und Öle. Die Ölmühle ② Uljara Zlokić *(Mo–Fr 10–12, 18–20 Uhr |*

ERLEBNISTOUREN

Ulica 6. br. 13 | Tel. 098 9 29 50 73 | uljarazlokic.com) presst hier international prämierte Olivenöle. Es wird Werkzeug und Arbeitsgerät des Olivenanbaus gezeigt, kosten solltest du die Zlokić-Öle natürlich auch. Danach geht's *auf der 118* durch Olivenhaine nach Osten und *an der Kreuzung mit der Ulica 1 auf dieser südwärts bis Blato*. Dort biegst du *in Richtung Prizba an der Südküste ab*. An der *Küstenstraße von hier gen Osten ins 8 km entfernte Brna* wird die Fahrt zur Panoramatour: winzige Inselchen liegen wie Konfetti verstreut in tiefen Buchten. In Brna angekommen, bietet sich als Übernachtungsstopp das ❸ Aminess Lume Hotel *(aminess. com)* an.

ALTSTADTIDYLLE IN MINI-DUBROVNIK

Von Brna führt die Tour *landeinwärts nach Nordosten nach Smokvica*, dem Zentrum des Weinanbaus der Sorten Pošip und Rukatac, leichten und frischen Weißweinen. In der Kellerei ❹ Toreta *(Smokvica 165 | Tel. 020 83 21 00)* probierst du Tropfen in 1A-Qualität. Die folgenden *16 km auf der 118 bis nach Pupnat* haben's in sich! Die Straße schlängelt sich teils schwindelerregend oberhalb der Küste entlang nach ❺ Pupnatska Luka (11 km), wo ein Badestopp an einer der schönsten Buchten von Korčula auf der To do Liste steht. *Ein paar Kilometer weiter* gönnst du dir im charmanten Städtchen ❻ Pupnat ein deftiges Mittagessen in der Konoba Mate *(Pupnat 28 | Tel. 020 71 71 09 | konobamate. hr | €€)*. In der romantischen Weinrebenkulisse tischen die Gastgeber ausschließlich selbst Erzeugtes auf. Nach *weiteren 11 km auf der Hauptstraße D118 erreichst du den Ort* ❼ Korčula ▶ S. 99, 100, den zweiten Übernachtungsstopp. Hier solltest du dir unbedingt die Kathedrale ansehen, bevor du im nostalgischen, historischen Korčula De La Ville (korcula-hotels.com) eincheckst. Ein modernes Haus am Rand der Altstadt mit schönem Meerblick.

VON SEEFAHRERN ZUM WINZER

Am folgenden Morgen *setzt du mit der Fähre nach Orebić auf Pelješac über*. Die Passage ist kurz und bietet den schönsten Blick auf Korčulas Altstadt.

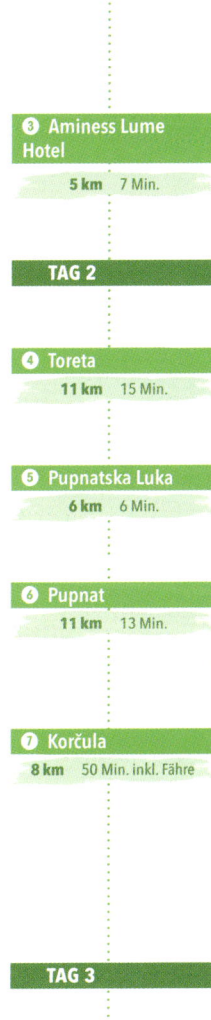

❸ Aminess Lume Hotel
5 km   7 Min.

TAG 2

❹ Toreta
11 km   15 Min.

❺ Pupnatska Luka
6 km   6 Min.

❻ Pupnat
11 km   13 Min.

❼ Korčula
8 km   50 Min. inkl. Fähre

TAG 3

⑧ Orebić	
16 km	18 Min.

⑧ **Orebić ➤ S. 96** selbst ist ein altes Seefahrerstädtchen, doch sobald du *über die Hauptstraße 414 in Richtung Donja Banda die Küste verlässt und über eine Hügelkette das Binnenland erreichst,* sind die Weingärten nicht mehr zu übersehen. Der Boden ist karg und steinig, die kleinen Rebenfelder sind zum Schutz vor dem Wind von hohen Trockensteinmauern umgeben. *2 km nach Donja Banda* erreichst du das 20-Seelen-Dorf **Prizdrina** mit seinen alten Steinhäusern. Der bekannte Winzer Mario Bartulović lässt sich in seinem ⑨ **Weingut Bartulović** *(4 Zi., 1 Bungalow | Tel. 020 74 25 06 | vinarijabartulovic.hr | €€)* gerne über die Schulter schauen. Eine Spezialität ist der Wein aus Plavac Mali – diese Rebsorte ist ein waschechter Süddalmatiner und wächst nur in der Region. Besonders lecker: Rotweine der Marke Bartul. Da Mario gerne auch sportlich unterwegs ist, nimmt er Übernachtungsgäste mit zu seinen *Weintouren auf Mountainbikes (ab 500 Kuna pro Person | tours@bartul.com).* Auf Feldwegen und durch Weingärten radelt man zu benachbarten Winzern, wo die hart erradelten Schweißtropfen mit charakteristischen Tropfen des Pelješac gegengerechnet werden.

⑨ Weingut Bartulović	
5 km	8 Min.

IM HERZEN DES WEINANBAUS

TAG 4	
⑩ Potomje	
9 km	16 Min.

Am nächsten Tag führen *wenige Kilometer auf der 414 nach Südosten* ins Herz des *Dingač*-Anbaus, ins Dorf ⑩ **Potomje**. Durch einen abenteuerlichen, schmalen Tunnel, den Weinbauern in den Fels geschlagen haben, *kommst du an die Südküste*. Was hier an steilen Hängen wächst, ist die besondere Sorte Plavac Mali. Die *schmale Straße schlängelt sich nach Osten an den Weinterrassen entlang 8 km nach Trstenik*. Der Ort ist Sitz des Weinguts ⑪ **Grgić Vina** *(Tel. 020 74 80 90 | grgic-vina.com)*, das dem berühmtesten Pelješac-Winzer, Mike Grgich, gehört. Er machte sein Glück in Kalifornien, packte dann aber die Koffer zurück in die Heimat, wo er einen international beachteten *Dingač* keltert.

⑪ Grgić Vina	
7 km	13 Min.

VON WEINGUT ZU MUSCHELN UND ÖL

Über den steilen Bergrücken geht's 2 km zurück nach Norden und auf einen Abstecher 5 km auf der Straße 414 nach Westen bis Pijavičino. Hier arbeitet Ivo

ERLEBNISTOUREN

Skaramuča auf seinem Gut ⓬ **Vina Skaramuča** *(Tel. 098 73 75 42 | dingac-skaramuca.hr)* daran, bester Pelješac-Winzer zu werden. Das Besondere: Er baut seinen *Dingač* u. a. auch im Barrique aus. Der ist den kleinen Umweg wert, versprochen. *Nun folgst du der 414 ostwärts bis Janjina (ca. 9 km)* und zur ⓭ **Taverna Domanoeta** *(Janjina 51 | Tel. 020 74 14 06 | €)*. Hier widmet sich ein kroatisch-italienisches Paar mit großer Leidenschaft der Aufgabe, wirklich jeden Gast zufrieden und satt zu bekommen. *2 km weiter erreichst du* bei ⓮ **Drače** *die Nordküste*. In der flachen Bucht werden Muscheln und Austern gezüchtet für dein Abendessen. *Endpunkt der Tour ist* ⓯ **Ston** ➤ S. 97, *wohin die 414 knapp 30 km nach Südosten führt*. Dort keltert die **Vinarija Miloš** *(Ponikve 15 | Tel. 098 9 65 68 80 | milos.hr)* nicht nur den ausgezeichneten *Plavac Stagnum*, sie stellt außerdem auch Bioolivenöl und -tee her. *Oblica* und *Pastrica* sind nicht Hänsel und Gretel auf Kroatisch (die heißen Ivica und Marica), sondern einheimische Olivensorten, die Frano Miloš' Öl einen frischen Pepp geben. Angeblich kann man aus ihrem Öl sogar einen Hauch der inseltypischen Macchia herausschmecken – probier es am besten selbst.

⓬ **Vina Skaramuča**
8 km 9 Min.

⓭ **Taverna Domanoeta**
2 km 4 Min.

⓮ **Drače**
28 km 28 Min.

⓯ **Ston**

GUT ZU WISSEN
DIE BASICS FÜR DEINEN URLAUB

ANKOMMEN

AUSKUNFT VOR DER REISE
Kroatische Zentrale für Tourismus
– Stephanstr. 13 | 60 313 Frankfurt | Tel. 069 2 38 53 50 | info@visitkroatien.de
– Liechtensteinstr. 22a | 1090 Wien | Tel. 01 5 85 38 84 | office@kroatien.at
– Seestr. 160 | 8002 Zürich | Tel. 04 33 36 20 30 | info@visitkroatien.ch
Links: croatia.hr, kroatien-links.de, findcroatia.com

ANREISE
Bürger der EU und der Schweiz benötigen einen gültigen Personalausweis oder Reisepass.

GRENZÜBERGANG AUF DER FAHRT NACH DUBROVNIK
Wenn du auf der Küstenstraße bei Neum das Gebiet von Bosnien-Herzegowina durchquerst, reist du wie bei jeder EU-Außengrenze mit Pass- und Zollkontrolle aus Kroatien aus und nach 5 km wieder ein (berechne Wartezeiten ein!). Im Gegensatz zu Kroatien ist hier die grüne Versicherungskarte Pflicht. Die geplante Pelješac-Brücke soll ab 2022 eine durchgängige Fahrt durch Kroatien ermöglichen.

REISEZEIT
In den Hauptreisemonaten Juli und August sind die Unterkünfte am teuersten und am schnellsten ausgebucht – besonders in den ersten beiden Augustwochen. Um die beliebtesten Highlights wie die Plitvicer Seen und Dubrovnik solltest du in dieser Zeit einen riesengroßen Bogen machen.
Die Sommer sind tagsüber meist sehr sonnig und warm, die Nächte bringen Abkühlung. Hin und wieder gibt es kurze Gewitterschauer. Das Meer erwärmt sich im Frühsommer schnell

Blick auf Korčula

auf 20°C; im August stellenweise sogar auf 26°C. Die schönsten Reisezeiten sind Mitte Mai bis Ende Juni, wenn der Ginster blüht, und der September, wenn die Sommerhitze abklingt, die Adria aber noch angenehme Temperaturen hat. Im Spätsommer und Herbst kann der kalte Fallwind Bora für schnelle Wetteränderung und aufgewühltes Meer sorgen.

AUTO

Die Küstenautobahn A1 endet zurzeit in Süddalmatien in Ploče, ein Weiterbau in Richtung Dubrovnik ist in Planung. Sloweniens Autobahnen erfordern eine Vignette (7 Tage für PKW 15 Euro), kroatische Autobahnen sind mautpflichtig. Sowohl slowenische als auch kroatische Bezahlstraßen zu umfahren lohnt den Zeitverlust nicht. Ausnahme: bei Staus im Sommer (besonders an Samstagen) kann das Ausweichen die Zeit wettmachen.

INSIDER-TIPP: Urlaubszeit sparen

BUS

Aus größeren Städten in Deutschland, Österreich und der Schweiz fahren Fernbusse nach Zagreb, Rijeka und Split. Weiterfahrt mit lokalen Bussen, die auch kleinere Orte ansteuern. *eurolines.de, croatiabus.hr, flixbus.de*

FÄHRE

Verbindungen zwischen Italien und Kroatien ersparen Reisenden, die ins südliche Dalmatien wollen, die beschwerliche Fahrt auf dem noch nicht zur Autobahn ausgebauten Abschnitt der Küstenstraße: Bari–Dubrovnik (bis zu 6 Mal/Woche), Ancona–Split (tgl.) bzw. –Stari Grad/Hvar (einmal/Woche, Juli/August zweimal/Woche) und –Zadar (tgl.) sind die Hauptrouten. Vergleiche verschiedene Anbieter auf *directferries.com*. Rechtzeitig buchen!

FLUGZEUG

Linienflüge der *Croatia Airlines (croatiaairlines.hr)* verbinden Großstädte in Deutschland, Österreich und der Schweiz direkt u.a. mit Zagreb, Split und Dubrovnik. Inlandsflüge gibt es von Zagreb nach Zadar, Split und Dubrovnik. Tipps für den Geldbeutel: Fahr von Dubrovniks Flughafen mit dem Shuttlebus in die Stadt. Für Süddalmatien ist der bosnische Flughafen Mostar eine Alternative.

ZUG

Eurocity-Züge bringen dich aus Deutschland und Österreich nach Zagreb. Von Zagreb aus fahren Züge u.a. nach Zadar, Šibenik und Split. *bahn.de.*

WEITER-KOMMEN

AUTO

Geschwindigkeitsbeschränkungen: innerorts 50 km/h, Landstraßen 90 km/h, Schnellstraßen 110 km/h, Autobahnen 130 km/h, Gespanne außerhalb von Ortschaften 80 km/h, für Fahrer unter 24 Jahren immer 10 km/h unter den üblichen Beschränkungen (außer innerorts). Die Promillegrenze liegt bei 0,5, für Fahrer unter 24 bei 0. Im Winter (letzter Sonntag im Oktober bis letzter Sonntag im März) ist das Abblendlicht auch tagsüber einzuschalten. In Altstädten sind Parkplätze rar und oft kostenpflichtig. Kroatien hat ein gut ausgebautes Netz von Servicestationen und Tankstellen. ADAC-Auslandsnotruf Tel. 0049 89 22 22 22; auch der kroatische Pannenhilfsdienst HAK ist rund um die Uhr besetzt: Tel. 19 87. Super nützlich ist dessen App *Verkehrsinfo in Kroatien* – auf Deutsch!

BUS

Kroatische Busgesellschaften verbinden mit gut ausgebautem Streckennetz selbst kleine Orte miteinander. Private Busgesellschaften sind etwas teurer als staatliche, dafür auch komfortabler und teils mit WLAN ausgestattet. Fahrpläne lokaler sowie internationaler Linien unter *busliniensuche.de.* Die Strecke von Split nach Dubrovnik kostet z. B. 123 Kuna.

MIETWAGEN

Internationale wie auch lokale Autovermietungen findest du in allen größeren Ferienorten. Die Voraussetzungen für die Anmietung sind nicht einheitlich geregelt. Meist muss der Fahrer mindestens 21 Jahre alt sein und zwei Jahre Fahrpraxis haben. Für einen Kleinwagen zahlt man ca. 30 Euro pro Tag. Einen Preisvergleich bietet *billiger-mietwagen.de.*

SCHIFFSVERBINDUNGEN

Den regionalen Fährverkehr zwischen Festland und Inseln organisiert fast ausschließlich die staatliche Gesellschaft *Jadrolinija* (Fahrpläne und Preise auf *jadrolinija.hr*). In den Sommermonaten werden mehr Fahrten angeboten, meist mehrmals täglich. Jadrolinija fährt sowohl mit schnellen Katamaranen (nur Passagiere) als auch mit Autofähren. Je nach Größe

GUT ZU WISSEN

FESTE & EVENTS
RUND UMS JAHR

FEBRUAR
Patronatsfest des Sv. Vlaho: (Dubrovnik) mit Prozession, Konzerten, Events

JUNI/JULI
Internationales Kinderfestival: Bühne frei in Šibenik: Musik, Spiel, Akrobatik und Theater. *mdf-sibenik.com*

JULI
Dubrovniker Sommerfestival: Sechs Wochen lang Klassik, Jazz, Folklore, Oper und Theater. *dubrovnik-festival.hr*
Moreška (Korčula): Ritterspiele und einzigartiger Schwerttanz. *visitkorcula.net/moreska.html*
Regius (Šibenik): Alternatives Rockfestival mit lokalen Musikern. *regius-festival.com*
Soundwave (Tisno): Reggae und Hip-Hop in entspannter Strandatmosphäre. *soundwavecroatia.com*
Ultra (Split): Berühmtestes Elektrofestival Europas. *ultraeurope.com*
Klapa-Festival: In Omiš wetteifern im Juli die besten Chöre Kroatiens um den prestigeträchtigen Sieg. *fdk.hr/festival*

JULI/AUGUST
Musikabende in Sv. Donat (Zadar): Klassik mit außerordentlicher Akustik. *donat-festival.com*
Sommerkarneval: Viele Küstenorte schicken die Narren los, so auch in Makarska, Senj und Bol.
Spliter Sommer: Split wird zur Freilichtbühne für Theater, Oper und Ballett. *splitsko-ljeto.hr*

AUGUST
Diokletian-Tage: Togas und Pferdekutschen versetzen Split zurück in die Antike
Saljske užance (Sali): Volksfest mit Eselrennen, einer gastronomischen Fischernacht und Klapa-Musik.
Sinjska alka (Sinj): Dreitägiges Fest mit folkloristischem Reiterturnier. *alka.hr*
Piratennacht (Omiš): Eine spektakulär nachgestellte Seeschlacht zeigt die Geschichte der Piratenstadt.

der Fähre kann sie mit Snackbar, Restaurant, Kinderecke und Kapelle ausgestattet sein. Die Fähren haben WLAN, die Qualität der Verbindung hängt allerdings von der Entfernung von der Küste ab. Eine Platzreservierung auf den Schiffen ist nicht möglich; deshalb sollten Autofahrer vor allem in der Hochsaison rechtzeitig, je nach Strecke schon ca. zwei bis drei Stunden vor Abfahrt, am Hafen sein.

Obwohl es immer beliebter wird, lass das Inselhopping besser sein: Oft gibt es zwischen den Inseln nur wenige Verbindungen und man muss zwischendurch zurück zum Festland, um eine Fähre zur gewünschten Insel zu erwischen. Die Herumfahrerei frisst ganze Urlaubstage, viel entspannter ist es, sich weniger Ziele vorzunehmen.

IM URLAUB

FEIERTAGE

1. Jan.	Neujahr
6. Jan.	Hl. Drei Könige
März/April	Ostern
1. Mai	Tag der Arbeit
Mai/Juni	Fronleichnam
22. Juni	Tag des antifaschistischen Widerstandskampfs
25. Juni	Nationalfeiertag
5. Aug.	Tag des Sieges
15. Aug.	Mariä Himmelfahrt
8. Okt.	Tag der Unabhängigkeit
1. Nov.	Allerheiligen
25./26. Dez.	Weihnachten

AUSKUNFT

In staatlichen Infobüros (Tourist-Info oder Turistička zajednica) bekommst du Tipps, Bus- und Schiffsfahrpläne, Stadtpläne etc. In der Hochsaison sind sie täglich geöffnet, in der Nebensaison oft nur vormittags oder mit einer längeren Mittagspause. Private Reiseagenturen sind auf Vermittlung von Privatunterkünften und Ausflügen spezialisiert. Die Adressen aller Tourismusbüros findest du auf *croatia.hr* unter den jeweiligen Reisezielen.

CAMPING

Einfach Zelt aufschlagen im Wald ist ein No-Go: Campen und Wohnmobilabstellen ist nur in den dafür ausgewiesenen Plätzen erlaubt. Campingplätze sind nach gehobenem internationalem Standard modernisiert. An einigen Orten kannst du Apartments oder Bungalows mieten. FKK-Anhänger schätzen den hohen Standard der Naturisten-Camps. Liste und Beschreibungen der einzelnen Campingplätze auf *camping.hr*.

GELD & PREISE

In Kroatien kannst du mit Marderfellen bezahlen – zumindest sprichwörtlich, denn die Währung Kuna bedeutet übersetzt „Marder". Das Tierchen ist auch auf den Münzen abgedruckt. Ein Marder wird in hundert Lindenbäume unterteilt – bzw. eine Kuna (Abkürzung HRK) in hundert Lipa.

Gemessen am Durchschnittseinkommen ist das Preisniveau relativ hoch. In den touristischen Hochburgen wie Dubrovnik oder Hvar liegen die Preise für Unterkunft und Essen deutlich

GUT ZU WISSEN

über dem Niveau an der Küste. Geld vor Ort in Banken und Wechselstuben zu wechseln ist meist günstiger als beim heimischen Institut – aber vergleiche den Kurs! In zentraler Lage bekommst du oft kein gutes Angebot. Kreditkartenzahlungen sind in touristischen Orten oft möglich, für alle Fälle solltest du jedoch genügend Bares einstecken: Karten sind längst nicht selbstverständlich, erst recht nicht auf Inseln. In Restaurants zahlt man üblicherweise bar und zusammen – wer die Rechnung aufteilen will, erntet nur verwunderte Blicke und einen Kommentar darüber, wie eigen die deutschen Touris doch sind. In Euro zu zahlen ist aufgrund der Registrierkassenpflicht nicht legal.

Die meisten Banken sind Mo-Fr 7-19, Sa 7-13 Uhr geöffnet. In jedem größeren Ort gibt es Geldautomaten (Gebühren beachten).

HANDY & WLAN

Die im Heimatland geltenden Flatrates sind nicht automatisch auch in Kroatien gültig. Abhängig von deinem Inlandstarif kann eine bestimmte Menge an Datenvolumen im Ausland genutzt werden. Auf zentralen Plätzen und zum Teil in der ganzen Altstadt ist kostenloses WLAN verfügbar.

Ländervorwahl für Kroatien: 00385; Vorwahl nach Deutschland: 0049, nach Österreich: 0043, in die Schweiz: 0041.

MARINAS & SEEFAHRT

Alle Häfen bieten im Preis des Anlegeplatzes Strom- und Wasseranschluss sowie Sanitäranlagen, je nach Hafengröße auch weitere Dienstleistungen. Bei der größten Hafenbetreiberkette, ACI-Marinas, kann man online oder per App buchen: *aci-marinas.com*. Eine *24h-Seenotrettung (MRCC RIJEKA)* ist erreichbar unter der Kurzwahl *195*.

WAS KOSTET WIE VIEL?

Kaffee	1,50-2 Euro *in Cafés an der Riva für eine Tasse Espresso*
Eis	2 Euro *für zwei Kugeln*
Imbiss	1,50 Euro *für ein Stück Burek (gefüllte Teigtasche)*
Pizza	6-9 Euro *im Restaurant*
Benzin	1,40 Euro *für 1 l Super*
Lieqestuhl	4-8 Euro *Miete pro Tag*

ÖFFNUNGSZEITEN

Die meisten Restaurants haben in der Hauptsaison von mittags bis abends durchgehend geöffnet. Nur vereinzelte Edelrestaurants leisten sich eingeschränkte Öffnungszeiten oder gar einen Ruhetag. In der Nebensaison schließt ein Teil der Hotels, Restaurants und Geschäfte in den Ferienorten. Auch wenn diese mediterrane Praxis inzwischen seltener geworden ist, machen manche Geschäfte und Lokale immer noch Mittagspause. Die Öffnungszeiten der Museen werden leider sehr willkürlich gehandhabt. Informiere dich bei der jeweiligen Tourist-Info.

POST
Die Öffnungszeiten der Ämter *(Pošta)* sind nicht einheitlich, meist Mo–Fr 7–19, Sa 8–13 Uhr. Das Porto für eine Postkarte ins europäische Ausland beträgt 4,60 Kuna.

RAUCHEN
Rauchen ist allen öffentlichen Räumen, Restaurants und Hotels verboten. Bei Missachtung drohen hohe Geldbußen.

STRÄNDE
Dalmatien hat vorwiegend Kies-, seltener Sandstrände zu bieten. Die öffentlichen Strände sind mit jeglichem Komfort ausgestattet, Duschen können 2 bis 3 Kuna kosten. Der Zugang zum Strand ist kostenlos, Parkplätze aber meist kostenpflichtig. Der Badebereich ist gewöhnlich im Wasser abgegrenzt – außerhalb könnten Schiffe den Schwimmern zu nahe kommen.

TRINKGELD
Im Restaurant ist das Trinkgeld nicht im Rechnungsbetrag enthalten, üblich sind 10 bis 15 %. Auch das Personal im Hotel erwartet ein Trinkgeld.

TRINKWASSER
Das Wasser aus der Leitung ist fast überall trinkbar, bloß häufig stark gechlort. Mineralwasser aus PET-Flaschen schmeckt besser und ist preisgünstig.

ZOLL
In der EU dürfen Waren für den persönlichen Bedarf frei aus- und eingeführt werden. Es gelten u. a. folgende Richtwerte: 800 Zigaretten und 10 l Spirituosen. Wein kann für den privaten Zweck in unbegrenzter Menge steuerfrei in EU-Länder gebracht werden. Für Schweizer gelten geringere Freimengen. Wertvolle Gegenstände sowie Bargeld im Gegenwert von mehr als 10 000 Euro sollte man an der Grenze deklarieren. *zoll.de*

NOTFÄLLE

DIPLOMATISCHE VERTRETUNGEN
Deutsche Botschaft
Ul. grada Vukovara 64 | Zagreb | Tel. 01 6 30 01 00 | zagreb.diplo.de
Österreichische Botschaft
Radnička cesta 80 | Zagreb-Tower | Zagreb | Tel. 01 4 88 10 50 | aussenministerium.at/zagreb
Schweizer Botschaft
Ul. Augusta Cesarca 10 | Zagreb | Tel. 01 4 87 88 00 | eda.admin.ch/zagreb

GESUNDHEIT
Besondere gesundheitliche Risiken bestehen in Dalmatien nicht; wichtig sind Sonnenschutz, ein kühlendes Gel bei Sonnenbrand und Mückenstichen sowie Badeschuhe zum Schutz vor scharfkantigen Steinen oder Seeigeln. Wanderer sollten vor allem auf den Inseln festes und knöchelhohes Schuhwerk tragen; dort kommen viele, auch giftige Schlangen vor. Auf dem Festland und den größeren In-

GUT ZU WISSEN

seln gibt es Apotheken und Deutsch bzw. Englisch sprechende Ärzte. Die Europäische Krankenversicherungskarte EHIC (auf der Rückseite der deutschen Chipkarte) wird akzeptiert.

NOTRUF
Unter der kostenlosen Rufnummer 112 erreichst du auch deutschsprachige Helfer.

WICHTIGE HINWEISE

Lass am Strand Wertgegenstände nicht unbeaufsichtigt liegen – verstecke sie raffiniert in einer leeren Sonnencreme-Tube! An allen stark frequentierten Plätzen solltest du deine Tasche im Auge behalten.

Bei einem Lagerfeuer können die Funken nur so sprühen aber leider nicht nur die romantischen: mit dem Risiko Waldbrand ist besonders in den trockenen Sommermonaten nicht zu spaßen. Schon ein glühender Zigarettenstummel kann furchtbare Folgen haben. Daher lieber Romantik bei Handylicht.

Als wichtigste Grundregel unter Seefahrern gilt: Bei Bora ist man nicht auf See und am besten auch sonst nirgendwo, denn der Wind kann Orkanstärke erreichen. Im Sommer zur Haupturlaubszeit ist zum Glück meistens sturmfreie Bude – die Bora wütet im Spätherbst.

WETTER IN SPLIT

■ Hauptsaison
■ Nebensaison

	JAN.	FEB.	MÄRZ	APRIL	MAI	JUNI	JULI	AUG.	SEPT.	OKT.	NOV.	DEZ.
Tagestemperaturen	10°	11°	14°	18°	22°	27°	31°	31°	26°	21°	16°	11°
Nachttemperaturen	5°	5°	7°	10°	14°	18°	21°	20°	17°	14°	11°	6°
☀ Sonnenschein Stunden/Tag	4	5	6	7	9	10	12	11	8	6	4	3
☂ Niederschlag Tage/Monat	9	8	8	7	7	4	3	6	8	11	12	
≈ Wassertemperatur in °C	13	12	13	14	17	21	23	24	22	19	16	14

SPICKZETTEL KROATISCH

SMALLTALK

ja/nein/vielleicht	da/ne/možda
bitte/danke	molim/hvala
Entschuldige!/Entschuldigen Sie!	Oprosti! Oprostite!
Gute(n) Morgen!/Tag!/Nacht!	Dobro jutro!/Dobar dan!/Laku noć!
Hallo!/Tschüss!/Auf Wiedersehen!	Bok! (Ćao!; Halo!)/Ćao!/Doviđenja!
Ich heiße …	Zovem se …
Wie heißen Sie?/Wie heißt du?	Kako se zovete? Kako se zoveš?
Ich komme aus …	Dolazim iz …
E-Mail-Adresse	E-mail adresa
Darf ich …?/Wie bitte?	Smijem li …?/Molim?
Das gefällt mir (nicht).	To mi se (ne) sviđa.
gut/schlecht	dobro/loše
Ich möchte …/Haben Sie …?	Htio (f: Htjela) bih …/Imate li …?
Sprechen Sie Deutsch?/Sprichst du Deutsch?	Govorite li njemački?/Govoriš li njemački?

ZEIGEBILDER

ESSEN & TRINKEN

Deutsch	Kroatisch
Die Speisekarte, bitte.	Mogu li dobiti jelovnik, molim?
Könnte ich bitte … haben?	Mogu li dobiti …?
Flasche/Karaffe/Glas	butelju/karafu/čašu
Messer/Gabel/Löffel	nož/vilicu/žlicu
Salz/Pfeffer/Zucker/Essig/Öl	sol/papar/šećer/ocat/ulje
mit Eis/ohne Eis/(ohne) Kohlensäure	s ledom/bez leda/(ne)gazirana
Vegetarier(in)/Allergiker(in)	vegetarijanac; vegetarijanka/alergičar; alergičarka
Ich möchte zahlen, bitte.	Želio bih platiti, molim.
Rechnung/Trinkgeld	račun/napojnica
bar/ec-Karte/Kreditkarte	gotovina/debitna kartica/kreditna kartica

NÜTZLICHES

Deutsch	Kroatisch
Wo ist …?/Wo sind …?	Gdje je …?/Gdje su …?
Wie viel Uhr ist es?	Koliko je sati?
heute/morgen/gestern	danas/sutra/jučer
Wie viel kostet …?	Koliko košta …?
Wo finde ich einen Internetzugang/WLAN?	Gdje mogu naći pristup internetu/WiFi?
Apotheke/Drogerie/Bäckerei/Markt	ljekarna/drogerija/pekarnica/tržnica
Fieber/Schmerzen/Entzündung/Verletzung	temperatura/bolovi/upala/povreda
kaputt/funktioniert nicht	pokvaren/ne funkcionira
Panne/Werkstatt	nezgoda/radionica
Hilfe!/Achtung!/Vorsicht!	Upomoć!/Upozorenje!/Oprez!
Verbot/verboten/Gefahr/gefährlich	zabrana/zabranjeno/opasnost/opasno
0/1/2/3/4/5/6/7/8/9/10/100/1000	nula/jedan/dva/tri/četiri/pet/šest/sedam/osam/devet/deset/sto/tisuću

Das Kroatische wird in der Regel so ausgesprochen, wie es geschrieben wird. Besonderheiten:

c	wie z in Zeit		z	stimmhaftes s wie in See
č	tsch wie in Tscheche		ž	wie j in Journal
ć	tch wie in Hütchen			
š	stimmloses sch wie in schön			

URLAUBS FEELING
ZUM EINSTIMMEN & AUSKLINGEN

LESESTOFF & FILMFUTTER

📖 TITO IST TOT
Von Lilien, Schmetterlingen und Großeltern flankierte Erinnerungen von Marica Bodrožić ergeben ein poetisch-nostalgisches Bild vom Landleben (2002). Sehr persönlich auch ihr Film *„Herzgemälde der Erinnerung – Eine Reise durch mein Kroatien"* (2007)

📖 EIN HAUS IN DALMATIEN
Raus aus dem Alltag und ein Haus auf einer Adriainsel kaufen – diesen Traum hat sich Friederun Pleterski erfüllt. In ihrem Buch (2004) berichtet sie über selbst gemachten Käse und skurrile Nachbarn

🎥 WINNETOU 1–3
Auf den Spuren von Winnetou und Old Shatterhand. Die raue Paklenica-Schlucht, die Krka-Wasserfälle oder das Hinterland von Dubrovnik sind die Kulisse, die die Karl-May-Verfilmungen (1960er-Jahre) von Harold Reinl erst richtig legendär machte

🎥 GOTT VERHÜTE
Mit durchlöcherten Kondomen spinnt der Dorfpfarrer einer kroatischen Insel eine Intrige für unerhofften Kindersegen. Komödie des kroatischen Regisseurs Vinko Brešan mit bissiger Ironie und Kritik an Doppelmoral (2014)

PLAYLIST QUERBEET

▶ **DENIS MARIČIĆ – OČI BOJE LAVANDE**
Lavendelfarbene Augen zu besingen gehört heute zum Standardrepertoire der Klapa-Chöre

▶ **DJEČACI – DALMACIJA**
Mit Hip-Hop, kritischer Ironie und Dialekt trifft die Band aus Split den Nerv der Zeit

▶ **HLADNO PIVO – ZIMMER FREI**
Die Punk-Rock-Band „Kaltes Bier" träumt vom sorglosen Faulenzen

▶ **OLIVER DRAGOJEVIĆ – CESARICA**
Von Gibonni geschrieben, von Dragojević gesungen – zwei der größten Popstars der Region

▶ **TOMISLAV IVČIĆ – VEČERAS JE NAŠA FEŠTA**
Die inoffizielle Hymne Dalmatiens – „heute Abend ist unser Fest, heute Abend wird Wein getrunken!"

Den Soundtrack zum Urlaub gibt's auf **Spotify** unter **MARCO POLO Croatia**

Oder Code mit Spotify-App scannen

AB INS NETZ

CHASING THE DONKEY.COM
Insidertipps, Rezepte und Sprachführer mit Augenzwinkern hat der Reiseblog parat (auf Englisch)

MAKARSKA RIVIERA BEACHES
An der Makarska Riviera liegen Traumstrände Pinie an Pinie – aber wo zuerst ins Nass springen? Diese App verschafft den Überblick (auf Englisch)

SECRET CROATIA.BLOG
Verlassene Ruinen, vergessene Geschichte und versteckte Plätzchen eines Dalmatiens abseits der Touristenmassen illustriert dieser Fotografie-Reiseblog (auf Englisch)

AGROTURIZAM ZADAR
Ethno ist nicht nur auf dem Laufsteg in Mode. Mit Wein, Käse, Festen und der App lernst du das idyllische Landleben Norddalmatiens lieben (auf Englisch)

ROADTRIP DURCH DALMATIEN
So frei und spontan ist keine andere Art des Reisens. Hol dir Tipps zu Dalmatien, zum Packen und ein kostenloses E-Book für Roadtrip-Anfänger bei ronnyrakete.de/roadtrip-kroatien

TRAVEL PURSUIT
DAS MARCO POLO URLAUBSQUIZ

Weißt du, wie Dalmatien tickt? Teste hier dein Wissen über die kleinen Geheimnisse und Eigenheiten von Land und Leuten. Die Lösungen findest du in der Fußzeile. Und ganz ausführlich auf den S. 18–23.

❶ Welcher Wind ist dafür berüchtigt, miese Stimmung zu verbreiten?
a) Bora
b) Maestral
c) Jugo

❷ Wie heißt Dalmatiens größter Fußballverein?
a) Hajduk
b) Dinamo
c) Torcida

❸ Wie heißt der „Architekt", der die Kathedrale Sv. Jakov in Šibenik entworfen hat?
a) Nikola Firentinac
b) Andrija Aleši
c) Juraj Dalmatinac

❹ Welches Spektakel findet jedes Jahr in Tribunj statt?
a) Der Wettbewerb der fleißigsten Olivenpflücker
b) Ein verrücktes Eselrennen
c) Ein lautstarker Klapa-Wettbewerb

❺ Welches Meerestier ist ein Indikator für sauberes Wasser?
a) Der Seeigel
b) Die Seegurke
c) Der Krebs

❻ Welchen Namen trug Dubrovnik zu der Zeit, als es autonome Stadtrepublik war?
a) Regata
b) Regius
c) Ragusa

Lösungen: 1c, 2a, 3c, 4b, 5a, 6c, 7b, 8b, 9a, 10c, 11b, 12 c

Piscena auf der Insel Hvar

❼ Welche Innovation sollte Dubrovniks Einwohner ab dem 14. Jh. vor der Pest schützen?
a) Lazarett
b) Quarantäne
c) Impfung

❽ Welche berühmte Persönlichkeit hat der kroatischen Krawatte angeblich zu Popularität verholfen?
a) Napoleon
b) Ludwig XIV.
c) Marco Polo

❾ Was steckt ursprünglich hinter dem Begriff Konoba?
a) Dunkler Keller
b) Langsamer Kellner
c) Großes Weinfass

❿ Welche Höchstgeschwindigkeit kann der Wind namens Bora erreichen?
a) 118 km/h
b) 170 km/h
c) 200 km/h

⓫ Welches Instrument begleitet mitunter den À-capella-Gesang der Klapa-Chöre?
a) Flöte
b) Tamburica
c) Ziehharmonika

⓬ Was feiern die Inselbewohner von Iž mit ihrem berühmtesten Fest?
a) Sommerkarneval mit verrückten Perücken
b) Schwerttanz mit Kampfszenen
c) Die Wahl eines Königs

REGISTER

Anića kuk 48
Baška Voda 90
Biograd na Moru 55
Biograder Riviera 55
Biokovo, Naturpark 89
Biokovo-Gebirge 33, 35, **89**
Biševo 86
Blaca, Felsenkloster 80
Blato, Korčula 102
Blaue Grotte 35, 86
Blauer See 91
Bol, Brač 34, 78, 135
Borik (Halbinsel) 46
Božava 52, **53**
Brač (Insel) 35, 65, **77**
Bratuš 90
Brela 91
Brna 129
Brodarica 61, 63
Brusje, Hvar 83
Cavtat 115
Cetina-Schlucht 15, 32, 33, **88**
Čilipi 118
Crveno jezero 91
Donje Ogorje 34
Donji Humac, Brač 81
Drače, Pelješac 131
Dubrava 63
Dubrovnik 16, 17, 18, 19, 21, 31, **104**, 132, 133, 134, 135
Dugi otok (Insel) 39, **52**
Dugi rat (Punta rata) 91
Đurovića-Höhle 118
Elaphitische Inseln 33, **113**
Eselfarm Dar Mar 47
Falknerzentrum, Dubrava 63
Festung Sv. Nikola 61
Fun Park Biograd 56
Galovac (Insel) 51
Glavica 84
Goldenes Horn 77, 78
Gomilica (Kastell) 76
Gornji Humac, Brač 80
Gornji Tučepi 91
Grpaščak, Dugi otok 54
Hrvace 34
Humac 85
Hvar (Insel) 31, 35, **81**
Hvar (Ort) 16, **65**, **81**
Imotski 91
Iž (Insel) 21, **49**
Jelsa, Hvar 85
Kali, Ugljan 51
Kambelovac (Kastell) 76
Kaštela 75
Kaštelet 75
Klis 76
Koločep (Insel) 113, **114**
Komiža **86**, 121
Konavle-Tal 118
Korčula (Insel) 35, 96, **99**
Korčula (Ort) 99, **100**, 129, 135

Kornati-Archipel 55, **56**, 57, 59
Kornati-Nationalpark 33, 39, 56
Kotišina 89
Krapanj (Insel) 59, **63**
Krka, Nationalpark 15, **39**, 59, 62, 126, 142
Krka-Wasserfälle 15, 62
Kukljica, Ugljan 51
Lastovo (Insel) 103
Lastovo (Ort) 103
Levrnaka (Insel) 56
Lokrum (Insel) 111, **112**
Lopud (Insel) 113, **114**
Lopud (Ort) 114
Lukšić (Kastell) 76
Lumbarda, Korčula 33, **101**
Makarska 65, **89**, 135
Makarska-Riviera 22, **89**
Mala Paklenica 48
Marinkovac (Insel) 83
Marjan (Halbinsel) 72, 75
Mir, Dugi otok 54
Mirca, Brač 78
Mlinice Pantan 70
Mljet (Insel) 35, **98**
Mljet, Nationalpark 98
Modra špilja 35, 86
Modro jezero 91
Mrljane, Pašman 52
Murter (Insel) 32, **58**
Murvica 80
Nečujam, Šolta 76
Neretva-Delta 113
Nin 34, 47, 124
Novi (Kastell) 76
Omiš 30, 32, 33, **86**, **88**, 135
Orebić, Pelješac 34, 79, **96**, 130
Pakleni otoci (Hölleninseln), Hvar 81
Paklenica, Nationalpark 15, 33, 35, 48, 124, 142
Pakoštane 55, **57**
Pantan-Mühle 70
Pašman (Insel) 50, **51**, 55
Pelješac (Halbinsel) 28, 31, **96**, **98**, 100, 129
Pijavičino, Pelješac 130
Planjak (Insel) 33
Plitvicer Seen, Nationalpark 15, 16, 34, 35, 49, 126
Polače, Mljet 98, 99
Poljica Brig 23
Pomena 98
Popovići 118
Potomje, Pelješac 130
Preko, Ugljan 51
Primošten 28, 38, **63**
Prizdrina, Pelješac 130
Proizd (Insel) 103
Prosika 57
Prvić (Insel) 59, 62
Prvić Luka, Prvić 62

Pučišća, Brač 78
Pupnat, Korčula 129
Pupnatska Luka, Korčula 129
Radmanove mlinice 88
Radošić 76
Radūča (Halbinsel) 63
Ravni Žakan (Insel) 56
Roter See 91
Sakarun, Dugi otok 53
Sali 52, **53**, 135
Šenj 135
Šepurine, Prvić 62
Šibenik 16, 21, 38, **58**, 128, 134, 135
Šibenik-Archipel 59
Silba (Insel) 50
Silba (Ort) 50
Šinj 34, 135
Šipan (Insel) 113, **115**
Šipanska Luka, Šipan 115
Skradin 126
Škradinski buk 127
Škrip, Brač 81
Smokvica, Korčula 129
Sobra, Mljet 98, 99
Sokol grad (Festung) 119
Sokolarski centar (Falknerzentrum) 63
Šolta (Insel) 76
Split 15, 16, 17, 19, 21, 22, 30, 32, 64, **71**, 128, 133, 134
Splitska, Brač 78
Srđ 109
Štafilić (Kastell) 76
Stari (Kastell) 76
Stari Grad, Hvar 16, **83**, 133
Starigrad-Paklenica 48, 124
Stomorija 76
Stomorska, Šolta 76
Ston, Pelješac **97**, 131
Straße der Kastelle 75
Sućurac (Kastell) 76
Sudurađ, Šipan 115
Supetar, Brač 77
Sv. Filip i Jakov 55
Sv. Jure 89
Sv. Nedjelja, Hvar 85
Sv. Nikola, Festung 61
Telašćica, Naturpark 52, **54**
Tisno 135
Tkon, Pašman 52
Tribunj 23
Tribunj Tovar (Reservat) 23
Trogir 16, 17, 21, 65, **68**
Trstenik, Pelješac 130
Trsteno, Arboretum 112
Tučepi 91
Ugljan (Insel) 39, 50, **51**
Ugljan (Ort) 51
Unterwasserkreuzweg (bei Trogir) 70
Vela Luka, Korčula **103**, 128
Velebit-Gebirge 38, 48
Veli rat, Dugi otok 53
Velika Paklenica 48

REGISTER & IMPRESSUM

Veliki Ston, Pelješac 96
Vid 113
Vidova gora, Brač 78
Viganj, Pelješac 97
Vis (Insel) 85
Vis (Ort) 86, 123

Vodice 62
Vrana (Ort) 57
Vrana-See 32, 57
Vransko jezero 57
Vrboska, Hvar 84
Vrnik (Insel) 33

Zadar 16, 34, 38, **42**, 133, 134, 135
Zaton 48
Živogošće 91
Zlatni rat 77, 78
Žrnovo, Korčula 102

LOB ODER KRITIK? WIR FREUEN UNS AUF DEINE NACHRICHT!

Trotz gründlicher Recherche schleichen sich manchmal Fehler ein. Wir hoffen, du hast Verständnis, dass der Verlag dafür keine Haftung übernehmen kann.

**MARCO POLO Redaktion • MAIRDUMONT • Postfach 31 51
73751 Ostfildern • info@marcopolo.de**

Impressum
Titelbild: Split, Stand-up Paddler (Getty Images/EyeEm: D. Spanic)
Fotos: N. Čančar (147); DuMont Bildarchiv: H. Madej (20); Getty Images: S. Skafar (12/13), G. van der Knijff (116); Getty Images/robertharding: O. Wintzen (142/143); huber-images: F. Cogoli (45, 46/47, 50, 61), L. Debelkova (38/39, 88), J. Foulkes (Klappe vorne außen, Klappe vorne innen/1, 31, 64/65, 113, 120/121), F. Franco (8, 74), P. Giocoso (114), Gräfenhain (101), J. Huber (6/7, 14/15, 80), Irek (54), S. Kremer (11), D. Pearson (109), J. Pearson (132/133), U. Siebig (126), S. Surac (Klappe hinten, 49), J. Wlodarczyk (2/3, 58); Laif: P. Hirth (10), G. Standl (27, 30/31); Laif/hemis.fr: D. Delfino (77), B. Gardel (57), J.-F. Mallet (84); Laif/robertharding: M. Williams-Ellis (102), O. Wintzen (144/145); Laif/VU: M. Siragusa (9); Look/age fotostock (90, 119); Look/robertharding (69, 83); mauritius images: R. Hackenberg (97), C. Sanchez Pereyra (87), U. Siebig (62), J. Warburton-Lee (110); mauritius images/Alamy: (35), LatitudeStock (135), N. Marcutti (79), RooM the Agency (125); mauritius images/ClickAlps (122/123); mauritius images/imagebroker: fotosol (24/25); mauritius images/Lumi Images: Romulic/Stojcic (23), D. Secen (32/33); mauritius images/Masterfile: R. I. Lloyd (73, 106); mauritius images/McPHOTO: J. Webeler (52/53); mauritius images/robertharding: B. Pipe (92/93); mauritius images/United Archives (99); picture-alliance/PIXSELL: T. Katic/Halo (19), N. Pavletic (26/27)

13. Auflage 2020, komplett überarbeitet und neu gestaltet
© MAIRDUMONT GmbH & Co. KG, Ostfildern
Autorinnen: Nina Čančar, Daniela Schetar
Redaktion: Leonie Neumann; Bildredaktion: Anja Schlatterer
Kartografie: © MAIRDUMONT, Ostfildern (S. 36-37, 123, 127, 131, Umschlag außen, Faltkarte); © MAIRDUMONT, Ostfildern, unter Verwendung von Kartendaten von OpenStreetMap, Lizenz CC-BY-SA 2.0 (S. 40-41, 42, 66-67, 70, 94-95, 104-105)
Als touristischer Verlag stellen wir bei den Karten nur den De-facto-Stand dar. Dieser kann von der völkerrechtlichen Lage abweichen und ist völlig wertungsfrei.
Gestaltung Cover, Umschlag und Faltkartencover: bilekjaeger_Kreativagentur mit Zukunftswerkstatt, Stuttgart; Gestaltung Innenlayout: Langenstein Communication GmbH, Ludwigsburg
Spickzettel: in Zusammenarbeit mit PONS GmbH, Stuttgart
Texte hintere Umschlagklappe: Lucia Rojas
Konzept Coverlines: Jutta Metzler, bessere-texte.de

Printed in Poland

MARCO POLO AUTORIN
NINA ČANČAR

Am, im und unter dem Meer erlebte die in Jugoslawien geborene Autorin ihre sonnige Kindheit. Vielleicht mag sie deswegen keine Fische auf dem Teller – sie ist jedoch fast selbst einer. Von Dalmatien kann sie sich nie lange losreißen: Heute bringt sie ihre Liebe zum schönsten Fleck der Erde als Reiseleiterin, Dolmetscherin und Übersetzerin anderen näher.

BLOSS NICHT!
FETTNÄPFCHEN UND REINFÄLLE VERMEIDEN

DIE LAUTSTÄRKE MISSVERSTEHEN
Brüllen sich zwei Locals wild gestikulierend vor dir an, musst du dir meist keinen Kopf machen: Sie verabreden sicher nur eine Uhrzeit zum Kaffeetrinken. Der Umgangston der Einheimischen ist längst nicht so rau, wie er in deutschen Ohren klingt. Temperamentvoll nennt man das.

BLINDLINGS INS WASSER
Dalmatiens Traumstrände haben einen stachligen Haken: Das glasklare Wasser zieht nicht nur Urlauber an. Seeigel lieben sauberes Wasser, doch ihre Stacheln tun höllisch weh. An besonders spitzsteinigen und seeigeligen Plätzchen retten Badeschuhe das Planschvergnügen.

DAS VERKEHRTE ANZIEHEN
Ein falsches Outfit ist mehr als eine Modesünde. Zu viel Haut in der Kirche geht im konservativen Dalmatien gar nicht, genauso wenig ein Stadtspaziergang im Bikini: dieser Fauxpas kann dich in Hvar gleich 600 Euro kosten! Am besten ist man von Kopf bis Fuß passend gekleidet – kein Scherz: Die Bergrettung musste schon eine offizielle Warnung für Touristen veröffentlichen, keine Flip-Flops zum Wandern zu tragen.

DEN FUSEL VOM NACHBARN TRINKEN
Falls dir dein Gastgeber einmal lachend auf den Rücken klopfen und ein Gläschen Domaća Rakija anbieten sollte, lass dir eine glaubwürdige Ausrede einfallen. Selbst gebrannter Schnaps kann nämlich unschöne Folgen haben – von Katerkopf bis Vergiftung. Nur nicht direkt ablehnen, wenn du niemanden beleidigen willst!

SMALL-TALK VERPATZEN
Bei manchen Themen haben die Dalmatiner eine sehr dünne Haut. Patriotismus und Katholizismus sind hochheilig. Setze Kroatien bloß niemals mit Jugoslawien oder – Gott bewahre – dem Balkan gleich. Versuche schon gar nicht, über Ähnlichkeiten mit den Nachbarländern zu diskutieren. Faustregel: Die Einheimischen wissen alles besser.